日本人の9割がやっている残念な習慣

ホームライフ取材班〔編〕

青春新書
PLAYBOOKS

さあ、「残念な習慣」にサヨナラしよう！

多くの人が何気なくやっているけれど、じつはその習慣は大いに問題あり！ということはよくある。例えば、あなたは普段、次のような行動を取ってはいないだろうか？

目薬をさしたあと、お約束のように目をパチパチする。何の疑問も持たず、スポンジの軟らかい面で食器を洗う。アラームのスヌーズ機能を使って二度寝する。キンキンに冷やしたグラスにビールを注ぐ。洗濯物をもっとふんわりさせたいと、柔軟剤を多めに入れる。入浴後、浴室の窓を開けて換気する。入浴剤を溶かした湯で髪を洗う。すぐ乾くからと、晴れた日に洗車をする……。これらの行動は、まったく無駄か逆効果。あるいは損をしたり、危険を招いたりする。

本書では、衣食住の幅広い習慣の中から、こうしたよくある残念な習慣をピックアップ。ダメな理由と正しいやり方を解説し、一歩進んだ裏ワザ的な方法も紹介している。この一冊があれば、もう、日々の〝残念〟がなくなるはず！

日本人の9割がやっている残念な習慣

カラダの手入れの残念な習慣

無意味、ムダ骨、逆効果！

CONTENTS

ちょっと危ない!
損をする!

家電製品の残念な習慣

それは間違い！
いつかは危険！

調理器具の残念な習慣

料理がまずい！
栄養を失う！

クッキングの残念な習慣

やれば台無し！
おいしくない！

食べる・飲むの残念な習慣

やっても効果なし！
悪化する！

健康のための残念な習慣

入浴の残念な習慣

髪もカラダもダメージ大！

掃除の残念な習慣

こんなの無駄！キレイにならない！

汚れが落ちない！
乾きが悪い！

洗濯の残念な習慣

それでは傷む！
長持ちしない！

モノの手入れの残念な習慣

ぐっすり眠れず、
寝起きも悪い！

睡眠の残念な習慣

危険！ 残念！
楽しさ半減！

趣味や遊びの残念な習慣

無意味、ムダ骨、逆効果！

カラダの手入れ

の残念な習慣

STOP

日々の歯磨きや洗髪、
うがい、手洗い、耳かき、爪切り、
体脂肪や血圧の測定…。
正しいやり方を覚えないと、
トラブルにつながってしまう。

歯磨き

磨いたあと、しっかりすすぐ

フッ素が口からなくなるので、できれば1回で

普段、歯磨きをしたあと、口を何回ほどすすいでいるだろうか。歯磨き剤の泡が気持ち悪いからと、口の中がすっきりするまで、繰り返しすすいでいる人もいそうだ。けれども、その習慣はすぐにでも直したほうがいい。虫歯を予防する大事な成分を自ら捨てていることになる。

大事な成分とは、歯にミネラル分の補給を促すフッ素だ。カルシウムやリンが溶け出した歯に作用。再石灰化し、健康な状態に修復するため、歯の表面が強くなって虫歯になりにくくなる。フッ素入り歯磨き剤を使うと、虫歯の67%を抑えることができるという研究結果もあるほどだ。

この働きを期待して、いまでは歯磨き剤の約90%に、モノフルオロリン酸ナトリウムやフッ化ナトリウムなどのフッ素化合物が使用されている。

ただし、フッ素入り歯磨き剤を使って歯を磨いても、何回もすすぐと、歯の表面にフッ素がとどまらなくなってしまう。これでは歯の強化にはつながらない。そこで、歯磨き後のすすぎは控えめに、できれば1回だけにするのがおすすめだ。

とはいえ、口の中にフッ素がとどまることが不安な人もいるかもしれない。人体に有害な物質なので、もっとキレイにすすぎたいと。確かにフッ素を過剰摂取した場合、中毒を起こしてしまう。しかし、歯磨き1回分程度では何ら問題はない、というのが定説だ。安心して口の中に残し、歯の修復に向けて働いてもらおう。

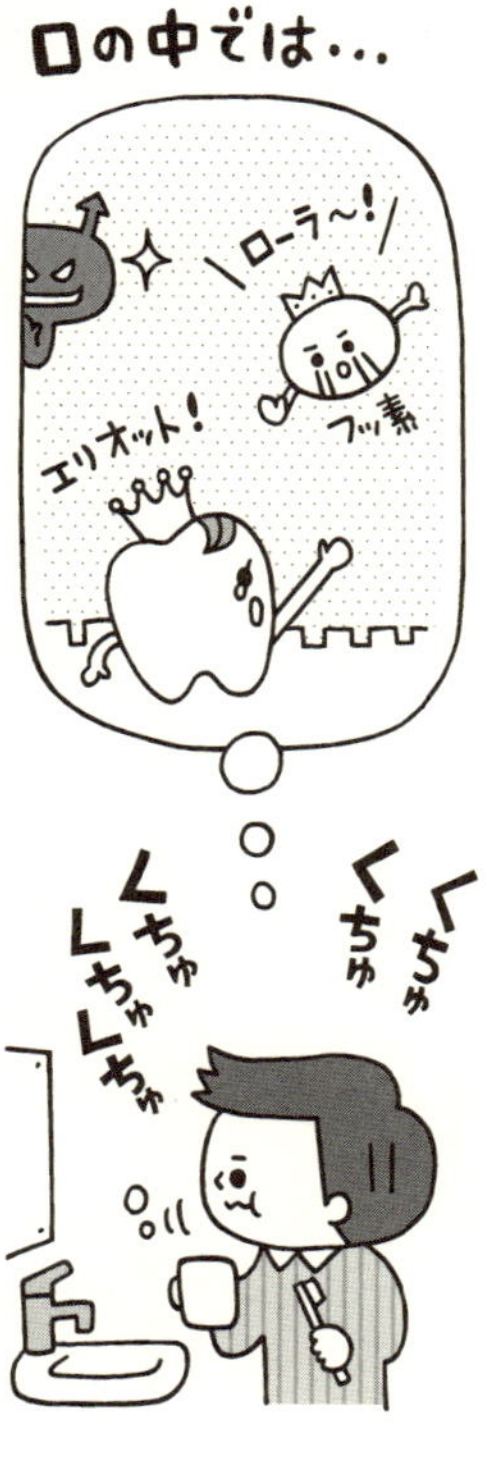

歯磨き

歯ブラシを濡らして歯磨き剤をつける

泡立ちやすくなって、成分の効果が薄まる…

歯ブラシを手に取り、水道水で毛の部分を少し洗って、歯磨き剤をつける。この当たり前のルーティンが間違っていると指摘されたら、ぽかんと口を開けて、首を傾げてしまうかもしれない。

じつは、歯磨き剤は歯ブラシを濡らさないでつけるのが正解だ。先に濡らすと、歯磨き剤が泡立ちやすくなる。磨くうちに、口の中が泡でいっぱいになり、汚れがきちんと落ちる前に、何となく〝磨いた気〟になりやすいのだ。

加えて、歯磨き剤に含まれるフッ素などの有効成分も、大量に発生する泡によって薄まってしまう。このため、せっかくの歯に対する効果が下がることになる。

前回使用後、きちんと洗っておけば、次に使う前に濡らす必要はない。どうしても気になる場合、軽く洗ったあと、しっかり水を切ってから使うのがいいだろう。

歯磨き

歯ブラシの上に歯磨き剤をのせる

指で歯ブラシに押し込めば、より効果的

歯磨き剤を歯ブラシの上にのせてから磨く。大多数の人がやっているこの習慣も、じつは改めたほうがいい。

この当たり前のやり方のどこが良くないのか？と疑問に思うかもしれない。しかし、歯磨き剤を歯ブラシにのせて、そのまま口の中に入れると、不都合なことがときどき起こる。ひとつは、歯の一部にだけ、歯磨き剤がべったりくっつく場合があることだ。また、歯磨き剤が口の中にこぼれるという残念な失敗もある。こうなると、すべての歯の隅々にまで、歯磨き剤を行き渡らせるのは難しくなる。

こうした失敗を防ぐには、歯磨き剤を歯ブラシの上にのせてから、指などで軽く押し、毛の中に埋め込むといい。このひと手間で、歯磨き剤が歯ブラシからこぼれることがなくなり、磨くうちにすべての歯につけることができる。

歯間ブラシ

歯磨きあとに使ってキレイにする

歯と歯の間に、歯磨き成分がいき届かない

最近は歯のケアとして、歯磨きだけではなく、歯間ブラシも使う人が増えてきた。はじめに歯ブラシで歯の表面を磨き、それから、歯の間の食べカスを歯間ブラシでキレイにする。こうした流れで使っている人が多いのではないか。しかし、意外なことに、この使い方では、歯の間をきちんとキレイにすることはできない。

歯間ブラシを使う前は、歯の間には歯垢や食べカスが詰まっている。この状態で歯磨きをしても、歯磨き剤は歯垢や食べカスの表面につくだけ。これでは、フッ素などの有効な成分を、歯と歯の間に効かすことができない。

一方、歯磨き前に歯間ブラシを使うと、こうした汚れがなくなるので、歯と歯の間にも歯磨き剤をつけることができるのだ。

加えて、歯磨きのあとで歯間ブラシを使うと、掻き出した歯垢や食べカスが、歯にくっついてしまうことがある。口をすすいでも取れない場合は、これらの汚れが歯の表面に残ったままになってしまう。こうした失敗防止のためにも、必ず、歯間ブラシは歯磨き前に使うようにしたい。

歯磨きだけでは、歯の汚れの60%～70%程度しか落とせない。加齢によって、歯と歯の間が空いてきたら、なおさら、歯磨きだけでは不十分だ。歯ブラシを使う前に、必ず歯間ブラシでケアするようにしよう。

歯磨きしか習慣のない人は、歯間ブラシを使うのは面倒だと思うかもしれない。しかし、1日1回、夜だけでいい。毎食後使うと、歯茎が逆にやせてしまうのでNGだ。

STOP

洗ったら、自然に乾燥させる

早く乾かさないと髪が傷むし、薄毛の原因にも！

ヘアドライヤーはめったに使わない。だって、温風を当ててると、髪が傷むような気がするから……こう思っている人の髪と頭皮はかわいそうだ。洗髪のたびに、繰り返しダメージを受け続けている。

濡れた髪を自然乾燥させた場合、どういったデメリットがあるのか。まず、髪のダメージについて考えてみよう。

髪の表面には「キューティクル」という薄い層がある。髪を覆うウロコのようなもので、髪内部にあるたんぱく質や水分が失われるのを防ぎ、髪にツヤを与えるという大切な働きをしている。

髪が濡れたり、温まったりしたら、このキューティクルが開き、髪から浮いてしまう。こうなると、髪の内部を守ることができない。キューティクルのすき間から、髪の健康に必要なたんぱく質や水分が流れ出し、髪は潤いを失っていくのだ。

加えて、キューティクルが開いてしまうと、髪が絡まりやすくなり、クシを使っても通りにくくなる。この状態で無理にセットしようとすると、キューティクルが強い摩擦を受けることによって傷み、避けたい切れ毛や枝毛にもつながってしまう。

次に、頭皮のデメリットはどういったことだろう。頭皮には、人と共生している常在菌がたくさん存在しており、通常、頭皮を守る働きをしてくれている。

しかし、髪が濡れた状態のもとでは、常在菌のバランスが崩れて、悪い働きをする雑菌のほうがより繁殖することがある。この結果、毛穴がふさがるといったトラブルが発生してしまうのだ。

毛穴がふさがるという状態は、特に中年男性が避けなければいけない。毛根に栄養が運ばれにくくなって、薄毛につながる場合があるからだ。

髪の短い男性は、わざわざヘアドライヤーを使うのは面倒ということから、自然乾燥派が少なくないだろう。しかし、残っている髪の毛を保つためにも、ヘアドライヤーを使ってしっかり乾燥させることが大切だ。

洗ったら、タオルでゴシゴシ拭く

濡れて熱を持った髪に、強い摩擦は禁物！

風呂から上がったら、髪をバスタオルでゴシゴシ拭く。ごく普通の習慣のように思えるかもしれないが、じつは髪に与えるダメージが少なくない。思い当たる人は、早速、今晩からやり方を変えるようにしよう。

髪の毛をこすってはいけないのは、キューティクルを傷めるからだ。洗髪後の開いているキューティクルに、強い摩擦は禁物。ダメージを与えないように注意しながら、タオルを使う必要がある。

キューティクルを傷めずに乾かすには、まずタオルで頭全体を包み、指に力を入れないで、優しくもむようにして拭く。こうして頭皮の水分をあらかた取ってから、髪の毛をタオルで挟み、両手で押さえたり、軽く叩いたりするといい。髪の長い人は、頭皮と髪を別々のタオルで拭けば、より素早く水分を乾かすことができる。

STOP

ドライヤーの温風だけで乾かす

最後は冷風で締めないと、キューティクルが傷む

ヘアドライヤーには「温風」と「冷風」がある。このうち、多く使われているのは断然、温風だろう。一方、冷風はほとんど使わないという人もいそうだが、それではもったいない。温風にはない効果が、冷風には期待できるからだ。

冷風の出番となるのは、髪を乾かすときの終盤。熱を持った髪を冷やすことによって、開いていたキューティクルを元の状態に戻すのが大きな目的だ。キューティクルが閉じると、髪の表面が保護されるので、美しいツヤを出すことができる。

加えて、冷風には髪を整える効果があることも、最後に当てる理由のひとつだ。整えたスタイルが固まるのは、いったん温まった髪が冷えるとき。温風で乾かしてセットし、そのままで終えると、いまひとつスタイルが決まらないことがある。髪の健康のためにも、見た目のためにも、温風と冷風のコンビネーションは大切だ。

STOP

ドライヤーの風を毛先から当てる

キューティクルを保護するには、風は根元から

ヘアドライヤーで濡れた髪を乾かすとき、どのような角度で風を当てているだろうか。腕を上げるのは疲れるから嫌だと、下のほうから上に向けて、つまり髪の先から根元に向けて風を送っている人がいるかもしれない。しかし、これでは風を当てている間、キューティクルが悲鳴を上げることになる。

髪の表面で、ウロコのように重なり合っているキューティクルは、濡れたり温まったりすると、開いて浮いた状態になる。このため、毛先から根元に向けて風を当てると、さらにキューティクルを浮かしてしまう。ウロコを無理にはがそうとするようなものだ。髪を乾かす場合、ヘアドライヤーは髪の根元から毛先に向けて、風を当てるのが基本。こうすると、浮いたキューティクルを倒す方向に風が送られるので、髪がダメージを受けない。

カイロ

揉み揉みして発熱させる

いまのカイロは、揉み揉みしたらうまく発熱しない！

寒い季節はカイロがあると大助かり。肩や首を温めるとかぜの予防に、腰に使うと腰痛の改善にも効果があるという。ところで、ある年代以上の人は、カイロを袋から取り出したら、無意識のうちに、揉み揉みしてはいないだろうか？　しかし、このひと手間を加えていたのは大昔の話。いまでは、やってはいけない扱い方なのだ。

いまのカイロは、１９８０年代頃のものとは発熱のメカニズムが異なり、袋から出したら、たった数回振るだけで温まりはじめる。つい揉み揉みする人は知らなかっただろうが、カイロ業界の技術は大きく進歩しているのだ。

カイロには貼らないタイプ、貼るタイプの2種類がある。貼らないタイプを揉むと、空気を取り込むミシン目が目詰まりする恐れがあり、貼るタイプを揉むと、中身の粉が偏ってしまう。次にカイロを使うときから、揉むのはやめておこう。

耳かき

こまめに耳掃除して、キレイを保つ

耳アカの取り過ぎは禁物！ 週1回で十分

風呂上がりのたびに、耳掃除をするのが習慣になっている人がいる。本人はすっきりして気持ち良く、健康的な習慣だと思っているかもしれないが、さすがに毎日はやり過ぎ。逆にトラブルの原因になることもある。

耳掃除をするのは、耳にたまった耳アカを取るためだ。そもそも、耳アカとは穴の表面からはがれた皮膚と、耳の分泌物が混じり合ったもの。「垢」とはいっても、すぐに取り去らなければならない汚れではない。殺菌作用があり、耳の穴を保護する役目も持っている。このため、取り過ぎるのは、耳のためにはあまり良くないのだ。

でも、耳掃除をしなかったら、耳の中にたまるばかりでは？ こう思うかもしれないが、ある程度たまったら、耳から自然にポロッと落ちる。だから、頻繁に耳掃除をする必要はない。

耳掃除の頻度は、一般的には1週間に1回程度で十分とされる。もっと少なく、1か月に1回、あるいは2~3か月に1回でかまわない、という専門医もいるほどだ。とにかく、頻繁にやり過ぎないほうがいい。

耳掃除をするのは、耳の入り口から1㎝まで。これより深い部分は、皮膚が薄くなっているので傷つきやすい。道具は固い竹製よりも、軟らかい綿棒がおすすめだ。ただ、綿棒は先が太めなので、耳アカを奥に押し込んでしまうことがある。力を入れず、皮膚の表面を軽くなぞるのが使い方のコツだ。できるだけ短く持つと、穴の奥まで届きにくくなるので、より安全になる。

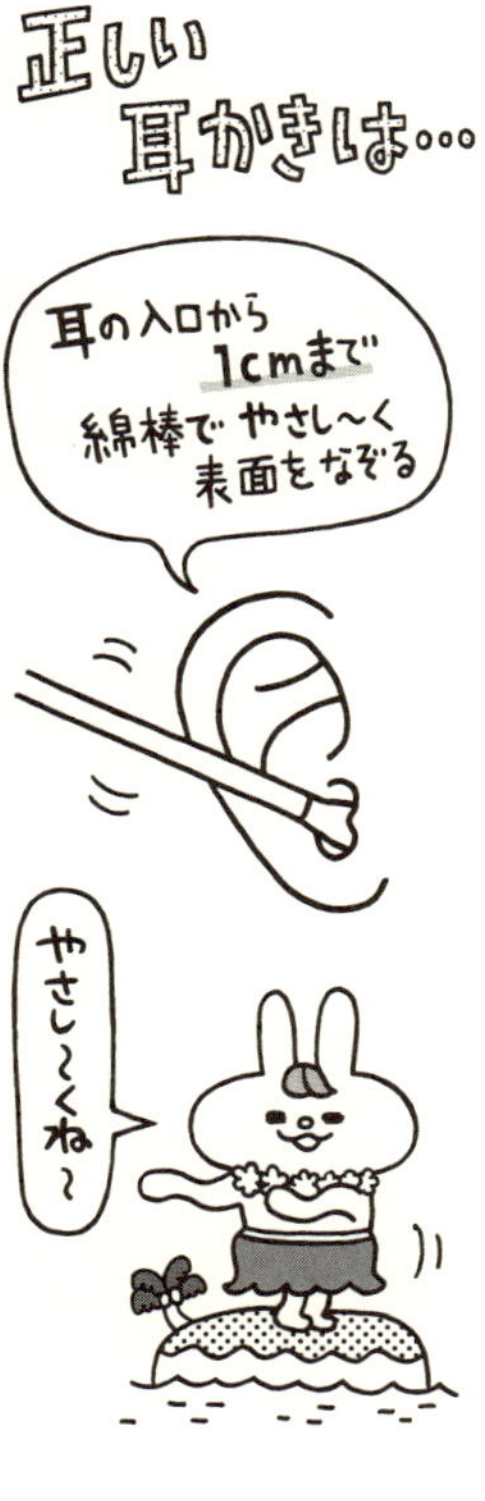
正しい
耳かきは…
耳の入口から
1cmまで
綿棒で やさし~く
表面をなぞる
やさし~くね~

うがい

水を口に含んで、「ガラガラ、ペッ」

その前に、口の中で「グチュグチュ」を

かぜやインフルエンザの予防の基本は、手洗いとうがい。手や口の中にウイルスが付着した場合、そのままにしておくと、口や鼻、目などの粘膜から細胞内に入り込む危険がある。そうなる前に、水でしっかり洗い流すことが大切だ。

うがいといえば、水を口に含んで、ガラガラ、ペッ。やり方は簡単で、コツなど何もないと思ってはいないだろうか。しかし、そうした雑で短いうがいでは、口やのどに貼りついたウイルスをキレイに取り除くことは難しい。

うがいは2段階で行うのが正しい方法だ。まず、水を口に含み、「グチュグチュ」という感じで、少し強めに口やほっぺたを動かして口の中をすすぎ、吐き出すことからはじめる。

帰宅後のうがいが習慣になっている人でも、この「口うがい」はやらない場合が多

そうだが、口の中のウイルスや細菌、汚れなどを取り去るために欠かせない。口の中がさっぱりするまで、2~3回行おう。

次は、一般的なうがいの「のどうがい」。水を口に含んでから、しっかり上を向き、「ガラガラ」とのどの奥が震えるようなうがいをする。「あー」と声を出しながらやってもいい。

「ガラガラ」を2~3秒でやめて、すぐに水を吐き出す人がよくいるが、これではあまり効果が上がらない。「ガラガラ」は15秒程度続け、のどの奥までしっかりすすぐことが大切だ。この「のどうがい」も2~3回繰り返すようにしよう。

かぜやインフルエンザの予防策として、うがいは手洗いほどの効果を期待できない、といわれることもある。しかし、近年の研究により、有効性が相当高いことが証明されている。

たとえば、京都大学が行った臨床実験では、「水うがいをするグループ」は「水うがいをしないグループ」よりも、かぜをひいた人が40%も少なかった。すぐできる簡単な行動なのに、これほど有効なのだから、習慣づけない手はないだろう。

手のひらと指の腹を丁寧に洗う

洗い残しの多い手首と親指は、ねじるように洗うべし

インフルエンザや食中毒の予防策として、手洗いの効果が高いことは誰でも知っている。とはいえ、誰もが正しい方法をちゃんと理解し、しっかり実行しているわけではないだろう。

最もよく洗い残しがあるのは手首だ。手のひらや指は丁寧に洗っても、手首の洗浄は全然十分でない人は少なくない。手首もウイルスや細菌が付着しやすいところなので、入念に洗う必要がある。石けんをつけた片方の手で握り、ねじるようにして洗うようにしよう。

もうひとつ、親指も洗い残しが出やすいところ。手のひらをゴシゴシこすり合わせるだけでは、親指をキレイにすることはできない。手首を洗うときのように、石けんをつけた片方の手でぐっとつかみ、ねじるようにして洗うのが正解だ。

足の爪

指先のカーブに合わせて丸く切る

真っ直ぐに切らないと、巻き爪の原因に!

爪は手も足も同じように、指先のカーブに合わせて丸く切る。こうした爪切りの仕方が身に付いている人は大変だ。爪が横方向に巻く「巻き爪」や、爪が肉に食い込む「陥入爪《かんにゅうそう》」がいつ起こっても不思議ではない。

特に足の爪は丸く切るのは厳禁。爪の両端を切り落とした場合、本来、爪で覆われるべき皮膚がむき出しになり、徐々に盛り上がってくる。伸びてきた爪がこの部分に接触するため、痛みを感じるようになり、ひどい場合は巻き爪などを引き起こしてしまうのだ。

足の爪はカーブを描くのではなく、真っ直ぐに切るのが正しいやり方。そして、爪の両端が靴下などに引っかからないように、ヤスリを使って丸くする。この「スクエアオフ」と呼ばれる切り方を覚えておこう。

爪

STOP

爪の端にできる「小爪」は引き抜く

爪の一部なので、ちゃんと切らないと傷になる！

爪のすぐ横に、小さなささくれができることがある。これを指先でつまんで引き抜こうとして、かなりの痛みを感じたり、出血したりしたことはないだろうか。

このささくれは「小爪」と呼ばれるもので、角質化した皮膚ではない。小さくても爪の一部なので、決して引き抜いてはいけない。傷から細菌が入り込み、化膿して腫れ上がってしまうこともある。

小爪ができているのを見つけたら、根元から切り落とすのが正しいケアの仕方。爪の横の肉が邪魔をして、爪切りが使いづらければ、眉バサミなどの小さなハサミでカットしよう。

小爪は爪が乾燥し、何らかの衝撃で側面が裂けるのが原因といわれる。できやすい人は、水仕事のあとなどにはハンドクリームを使うようにしたい。

爪

「夜に切ってはいけない」から昼間切る

風呂上がり、ふやけたときに切るのがベスト

「夜に爪を切ってはいけない」という言い伝えがある。これは江戸時代以前の灯りが暗かった時代に通用した話。現代ではむしろ、「爪は夜に切るべき」というほうが当たっている。

爪は皮膚が角質化したもの。主にたんぱく質でできているので、水に浸かっていると水分を吸収し、ふやけて軟らかくなる。この性質から、切るタイミングでベストなのは、風呂から上がったばかりのとき。汚れが落ちて清潔になっているので、感染症になるリスクも低くなる。

ただし、ふと爪を見て、伸びているのを発見し、すぐに切りたくなることもあるだろう。こうした場合、洗面器などにぬるま湯をためて、手を5分程度浸し、爪をふやけさせてから切るのがおすすめだ。

体脂肪計

STOP

風呂上がりに体重と一緒に測る

体温が上がると数値が低めに！風呂の前に測るべし

健康状態を自己チェックするのに「体脂肪計（体重・体組成計）」は欠かせない。風呂上がりに毎日、下着一丁で計器にのって測定し、数値に一喜一憂している人は多いだろう。しかし、その測り方では、正しい数値を知ることはできない。

体脂肪計で測定するのは体脂肪率。体全体の中で、脂肪がどれくらい占めているのかを教えてくれる。風呂上がりに測ってはいけないのは、体に含まれる水分量によって、体脂肪率がやや上下してしまうからだ。

体脂肪計は、わずかな電流を体に流すことによって測定する。脂肪は電流を通しにくく、筋肉は通しやすい。この性質から、肥満気味の人は電流が通りにくいので、電気抵抗値が高くなる。これに対して、やせ気味の人の場合、電流が通りやすいので、この数値が低くなる。こうして得られる電気抵抗値をもとに、脂肪とそれ以外の組成を割り出すのが体脂肪計だ。

ただし、身長によって、電気抵抗値は変わってくる。これを補正するため、はじめて使うときには身長を入力するわけだ。また、性別や年齢で、どの範囲の体脂肪率が標準なのかが違ってくるため、これらの入力も必要となる。

では、体脂肪率を正しく測定するには、どのようにすればいいのか。覚えておきたいのは、体に含まれる水分や体温が変動すると、体脂肪率も変わることだ。体脂肪率が高めになるのは、水分量が少ない場合と、体温が低い状態のとき。その逆に、水分量が多いときと、発熱しているときは、体脂肪率が低めになる。

つまり、汗で水分を失っている起床後や運動後、寒さで体が冷え切ったとき、あるいは飲食後、病気による発熱時、風呂で体が温まったときなどには、正しい体脂肪率を測ることはできない。

測定する時間帯のおすすめは、①起床後、2時間過ぎてから昼食まで、②昼食後、2時間過ぎてから入浴または夕食まで、③入浴または夕食後、2時間過ぎてから寝るまでの間だ。この時間帯の中で、毎日決まった時間に測るようにしよう。

手首式血圧計

STOP

腕を机の上に置いて測る

腕を心臓よりも上げないと、正しい数値は出ない

高血圧は日本で最も多い病気。数値が高めの人の多くは、家庭用血圧計を持っているることだろう。しかし、正しいやり方で測定しなかった場合、首を傾げるような数値が表示される場合がある。

失敗の原因の多くは、単純ミスである装着のズレだが、心臓の高さに装着しなかったことでも数値はかなり変動する。装着部位が心臓よりも10㎝高いと、正しい数値よりも約8㎜Hg低くなり、その逆に、10㎝低いと約8㎜Hg高くなってしまうのだ。

上腕に巻くタイプの血圧計では、装着部位が心臓の位置とそれほどずれることはないだろう。しかし、手首で測るタイプの場合、腕を上げておくのを忘れると、心臓よりもだいぶ下の位置で測ることになる。これでは、普段よりも10㎜Hg以上高くなってもおかしくない。手首式で測るときには十分注意しよう。

ちょっと危ない！損をする！

家電製品の残念な習慣

暮らしで活躍する家電製品。
いつもの使い方が、
じつは大間違いだったら…。
電気代を損せず、
危険を招かないために見直そう。

炊飯器

使わないときは、コンセントを抜いておく

内蔵のリチウム電池が、コードを抜くたびに消耗

毎日、必ず使う電化製品が炊飯器。ある調査によると、少しでも電気代を節約しようと、半数以上の人が、使わないときはコードを抜くと答えたという。しかし、この行動を続けると、数年後にトラブルに見舞われることだろう。

炊飯器には、時計や炊飯メニューを表示している画面がついている。問題なのは、その電源だ。通常、コンセントから送られる電気で動くのだが、コードを抜いた状態では、炊飯器に内蔵されたリチウム電池が電源となる。このため、コードを抜くたびに、リチウム電池は少しずつ消耗してしまう。

リチウム電池の寿命は、コードを抜いた状態で約4～5年。炊飯器に内蔵されているので、切れたら自分で取り換えるのは難しく、メーカーに修理を依頼しなければならない。電池の消耗を防ぐために、コードはつけっ放しにしておくのが正解だ。

エアコン

節電のため、「微風」「弱風」にする

じつは、電気代が余計にかかっている

家庭用の電化製品で、消費電力が最も多いのはエアコン。電気代の節約に向けて、さまざまな工夫をしている人は多いだろう。電力のかからなそうな「微風」「弱風」を主に使うというのも、節約術として人気があるのではないか。けれども、この方法は逆効果。電気代が余計にかかるので、実行してはいけない。

エアコンが電力を一番消費するのは、スイッチを入れてから冷えるまでの間。暑い部屋の温度を下げようと、頑張って働いているときだ。この重要な段階を「微風」「弱風」にすると、冷えるまでに時間がかかって、無駄に多くの電力を使ってしまう。

電気代を節約したいなら、風量はエアコン任せの「自動」をキープするのがベスト。最初は強風で部屋の温度を素早く下げ、その後は風量を落として調整し、快適な温度を保ってくれる。

STOP

出かけるときは、必ずスイッチを切る

つけっ放しのほうが消費電力が少ない!?

仕事などで長時間、外出するときは、誰もがエアコンを消して出かけることだろう。では、短い時間で戻って来る場合はどうするか？　エアコンはこまめにつけたり消したりするよりも、つけっ放しにしたほうが電気代は安いというウワサもあるから、けっこう迷うところではないか。

短時間、外出する場合、エアコンはどうしたらいいのか。大手空調メーカーのダイキン工業が行った検証実験が参考になる。8月の猛暑日、南向きマンションの部屋で、エアコンをつけっ放しにするのと、30分間隔でオン・オフを繰り返すのでは、どちらの電気代が高くなるのかを調べた実験だ。

実験の結果は、興味深いものとなった。暑さの厳しい日中と、それほどでもない夜間では、エアコンの有効な使い方が異なることがわかったのだ。

まず、30℃前後まで気温が上がる日中の場合はどうか。エアコンをいったんストップすると、室温は急激に上昇。このため、30分後にエアコンを再開すると、室温を下げるのに時間がかかり、電力を大きく消費した。

一方、つけっ放しにした場合は終始、一定した室温をキープ。このような安定した運転時、エアコンは電力をあまり消費しない。実験終了後、両者を比較してみると、やはり、つけっ放しのほうが消費電力が少なかった。

では、夜間に行った実験では、エアコンはどのような動きを見せたのか。外の気温が下がっているので、エアコンを切ったあとの室温上昇は緩やか。このため、こまめにオン・オフを切り替えても、エアコンがフル回転する時間が少なくて済み、あまり電力を必要としなかった。

これに対して、つけっ放しにした場合、日中と同様、安定した運転を続けたものの、消費電力量はオン・オフを繰り返すよりも多くなった。

結論として、日中、短い外出をする場合は、エアコンはつけっ放しが経済的。一方、夜になって気温が下がったら、臨機応変につけたり消したりするのが正解だ。

エアコン

室外機に、おしゃれなカバーをかける

見た目はいいけど、サイフには厳しい

エアコンの室外機は、いかにも無機質なデザインで造られている。インテリアにこだわりがあったり、庭やベランダでガーデニングを楽しんだりする人は、目に触れないように隠したくなるかもしれない。

こうした場合、ぜひ使ってみたいと思わせるグッズが室外機カバーだ。庭に溶け込む木製タイプをはじめ、おしゃれなものがたくさん販売されている。けれども、エアコンの効率を考えるなら、運転中にかけておくのは考えものだ。電気代が高くついてしまうのは間違いない。

エアコンの室外機は一般的に、前面に吹き出し口、側面と背面に吸い込み口がある。カバーをかけたままの使用がNGなのは、吹き出し口から放出された空気の動きが妨げられ、側面や背面に回り込んでしまうからだ。

この結果、冷房運転中なら吹き出された熱を持った空気、暖房中にはひんやりした空気が、吸い込み口まで回って取り込まれる。当然、冷暖房の効率は落ちて、余計な消費電力が必要になってしまう。エアコンを運転するシーズンに限っては、室外機カバーを外しておくのを忘れないようにしよう。

吹き出し口から放出される空気の流れを邪魔するものは、室外機カバーだけではない。ゴミ箱やプランターといった、ある程度大きなものを室外機の前に置いても、空気の流れが妨げられて、運転時に余計な負担がかかってしまう。近くにものを配置する場合は、できるだけ離れたところに置き、室外機の前はスペースを広く取って、風通しを良くしておくのが正解だ。

また、室外機に直射日光が当たった場合、冷房時の運転効率が悪くなる。夏はすだれなどをかけて、温度を下げておくことも覚えておきたい。

冷風や温風を直接出す室内機に比べると、室外機は目立たない地味な存在だが、その働きは負けず劣らず重要だ。きちんと仕事ができるように、周りの環境を整えてあげるようにしよう。

ドライヤー

本体にコードを巻きつけて保管する

コード内部で「半断線」が起きて、火災の危険が！

風呂から上がったら、洗面台の前に立ち、濡れた髪にヘアドライヤーの風を当てる。そして髪が乾いたら、ヘアドライヤー本体にコードをぐるぐる巻きつけて保管する。こうした習慣は、ごく普通のことのように思えるかもしれないが、じつは相当危ない行為だ。大げさではなく、いつ火事が起こっても不思議ではない。

電化製品で使われるコードの中には、ビニールの被膜に包まれた線が通っている。コードを本体に巻くのが危険なのは、この線が何10本もの細い銅線をねじって束ねられたものだからだ。

金属は無理な折り曲げが繰り返されると、最後には金属疲労によって折れてしまう。このため、〝ぐるぐる巻き〟が習慣になると、銅線が切れかねないのだ。特に本体近くの部分は、コードが急角度で折り曲げられて、負荷が大きくなりやすい。

束ねた線の一部が切れた状態を「半断線」という。半断線になると、切れた銅線が電気を通せなくなる分、残った銅線により多くの電気が流れることになる。半断線の状態がひどくなった場合、銅線は大きく発熱。被膜を溶かす、あるいはショートして、コードが焼けて周辺の可燃物にも火がついてしまう。

こうした事態を招かないために、コードは円を描くような感じでゆるく巻き、軽く束ねておくことを習慣にしたい。

半断線しているかどうかは、電源をオンにして、コードを曲げ伸ばしすれば確かめられる。突然、電源がオフになったら、半断線している可能性が大だ。

ドライヤー

STOP

温風で髪を乾かし、そのままスイッチを切る

温風のまま切ると、高温でヒーターが故障する！

このヘアドライヤー、まだまだ使えるはずなのに、何だか調子が悪くなった……。こうした場合、スイッチをオフにする方法が間違っているのかもしれない。

ヘアドライヤーの温度の設定には、「HOT（温風）」と「COOL（冷風）」の2種類がある。温風のほうが乾きやすいので、冷風はまったく使わないという人も少なくないだろう。

温風でしばらく使うと、ヘアドライヤー内部が高温になる。そして、そのまま電源を切ると、ヒーターは熱を持った状態がしばらく続く。これがヒーターの負担になり、繰り返されると故障の原因になってしまうのだ。

負担を小さくするには、電源を切る前に冷風に切り替え、ヒーターの温度を下げること。これを習慣づければ、ヘアドライヤーをより長持ちさせることができる。

加湿器

部屋全体に行き届くように、部屋の隅に置く

壁が湿気ってしまい、カビが生えてくる

部屋の空気に適度な湿度をもたらし、のどや肌を乾燥から守る加湿器。愛用している人は増えているが、置き場所によってはトラブルにつながるので注意が必要だ。

加湿器を置いてはいけない場所のひとつが、窓や壁、家具、カーテンなどの近く。湿った空気が当たり続けることによって、結露が起きたり、ひどい場合はカビが生えたりしてしまう。テレビやパソコンといった電化製品のそばも良くない。これらは湿気に極めて弱いため、誤作動の原因になる可能性がある。

加湿器の置き場所で最適なのは部屋の中央。テーブルの上などの高い位置に置くとさらに良く、エアコンの風によって、湿った空気が部屋全体に循環しやすくなる。

寝室に置く場合、夜に気温が下がると湿度が高くなるので、寝る前に電源を切るか、タイマーをセットしておくのがいいだろう。

乾電池

違う種類の電池を一緒に使う

…メーカーの異なる電池も、ダメ！絶対！

一般的に使われる電池には、大きく分けて、アルカリ乾電池とマンガン乾電池の2種類がある。ふーん、それがどうしたの？と思った人は、使っている電池があっという間に寿命になったり、最悪の場合は火事を引き起こしてしまうかもしれない。

まず、基本的なことを理解しておこう。アルカリ乾電池とは、電解液にアルカリ性の水酸化カリウムを使っている電池のこと。パワーがあって、長持ちするので、いまはこのタイプが電池の主流になっている。デジカメやミュージックプレイヤー、ラジコン、強力な懐中電灯など、用途は幅広い。

これに対して、マンガン乾電池は最も古い時代からある電池で、電解液には弱酸性の塩化亜鉛などが使われている。パワーはあまりないが、休み休み使うと電圧が回復するのが特徴だ。この働きから、小さな電力で長時間使う時計、ときどきしか使わないガスの点火装置、リモコンなどに向いている。

肝心なのは、アルカリ乾電池とマンガン乾電池を混ぜて使うと、発熱や液漏れ、破裂を起こす恐れがあることだ。複数の電池を使う器具や機器は多いが、絶対に一緒に使ってはいけない。また、古い電池と新しい電池、メーカーの異なる電池を併用することも厳禁。電気容量の違いから、同じトラブルを引き起こす危険がある。

このNG事項を知らなかった人は、いま家にある電池を使う製品を、すぐにチェックしたほうがいいだろう。

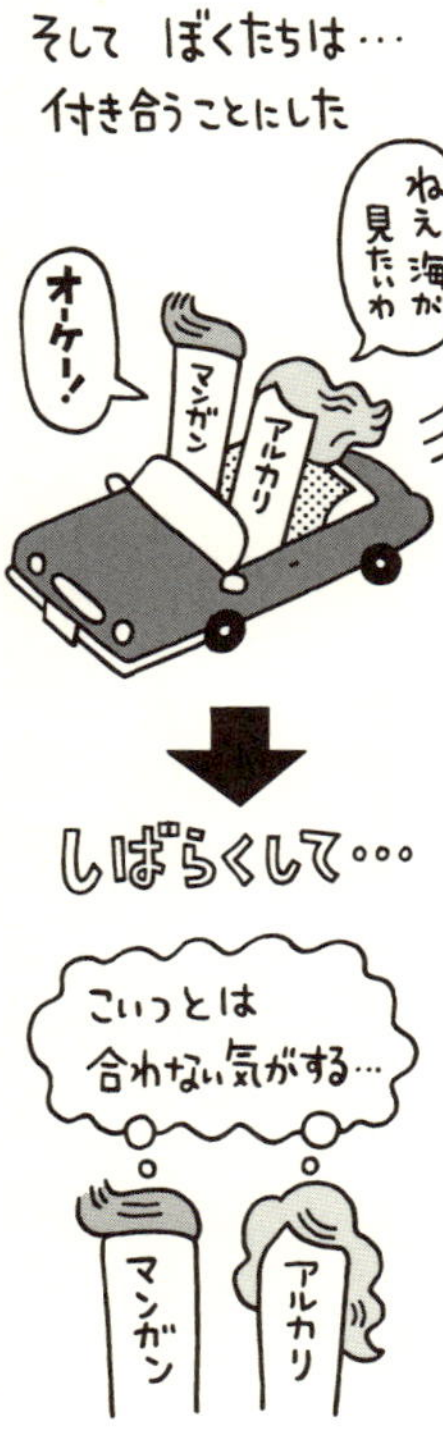

バナナは傷むので、決して冷蔵庫では保存しない

一番長持ちするのは、じつは野菜室

バナナを冷蔵庫で保存するのはもってのほか。原産地が熱帯であることから、冷蔵庫に入れると低温障害を起こし、あっという間に劣化して黒くなってしまう……。多くの人は、こう思っているのではないか。

しかし、この〝常識〟は誤り。バナナは温度が高い環境に置かれると、呼吸が活発になって、成熟ホルモンが発生し、どんどん熟していく。バナナを常温のところに置いて、1週間もたつと、果実が茶色くなってしまうのはこのためだ。

この特性から、呼吸が抑えられる低温の環境に置くと、バナナは長持ちする。ただし、冷蔵庫は乾燥しているため、バナナが傷みやすくなる。ベストの保存場所は、庫内と比べると湿度が高い野菜室。皮は低温障害で黒くはなるが、肝心の果実が劣化するのは遅い。1週間、入れておいても、食べ頃を十分キープしているはずだ。

冷蔵庫

STOP

トマトを冷蔵庫で保存する

野菜はなんでもかんでも冷蔵庫、は大間違い

野菜は冷蔵庫の野菜室で保存するのが一番、といったイメージがある。しかし、何でもかんでも、野菜室に入れればいいというわけではない。

野菜室での保存に向かないものは、本来、暑い季節に収穫を迎えるトマト。10～14℃あたりが保存の適温なので、約3～5℃まで冷やす冷蔵室はもちろん、少し高めの約5～7℃をキープする野菜室でも冷めた過ぎる。

このため、野菜室に入れると、冷気にやられて、だんだん劣化してしまう。キッチンなどでそのまま保存し、早めに食べるのがいいだろう。

トマトのほかにも、ナスやキュウリ、ピーマンなどの夏野菜、ジャガイモや里イモといった秋の根菜類も冷たいところが苦手。野菜室には入れないで、日の当たらない常温の場所に置いておこう。

冷気が回るように、冷凍庫には詰め込まない

ギューギュー詰めのほうが消費電力が激減!?

市販の冷凍食品はもちろん、特売で買いだめした肉や魚の保存、多めに作った料理のストックなど、冷凍庫を上手に使えば料理の幅がぐっと広がる。

では、冷凍庫を効率的に使うにはどうしたらいいのか？　庫内で冷気がよく回るようにと、ものをあまり入れないようにしている人がいるかもしれない。しかし、このやり方は大間違いで、効率良く冷凍することはできない。

ものを詰め込まないほうがいいのは、冷凍庫ではなく、冷蔵庫の話。庫内に空間があると冷気が循環しやすいので、効率的に冷やすことができる。家電メーカーの実験では、すし詰めにした状態から、食品を3割方取り出してみると、消費電力は10％も減ることがわかった。

だが、この節約術は冷凍庫では通用しない。食品をあまり入れないで、空間を広く

取っていると、電気代は余計にかかってしまうのだ。冷凍庫を効率よく冷やす方法は、冷蔵庫とはまったく逆。庫内に食品をたくさん詰め込んで、いつもギュウギュウにしておくのがベストだ。

詰め込むほうがいい理由は、冷凍されてガチガチになった食品自体が、保冷剤のような役割をするから。接触する食品同士が互いに冷やし合うことによって、冷凍効率がぐっと高まるわけだ。とはいえ、普段、冷凍食品をそれほど活用しない人もいるだろう。この場合は、食品と食品の間に保冷剤を入れておくのがいい。こうすれば、食品を詰め込むのと同じ効果が期待できる。

ひとつ注意したいのは、冷凍されてから長い時間がたち、〝霜〟が下りた食品はそのままにはしておかないこと。霜によって、冷気が吹き込んでくる穴がふさがれると、冷凍効率が下がってしまう。

また、たくさん保存して、いつ何を入れたかがわからなくなってしまうと、食べられなくなる食品が出てくる。庫内がいまどうなっているのか、きちんと把握しておくのを忘れないようにしよう。

冷蔵庫

自動製氷機でミネラルウォーターを使う

なんと！ カビが発生しやすい！

いまどきの冷蔵庫には通常、「自動製氷機」がついている。給水タンクに水を入れておくだけで、貯氷ケースに氷がコロコロ落ちてくるという便利なものだ。

ところで、自動製氷機を利用している人は、給水タンクにどういった水を入れているだろうか。おいしさや安全性を求めて、ミネラルウォーターや浄水器を通した水を使っているのなら、注意しなければいけない。水道水で氷を作る場合と比べると、掃除の手間が2倍かかってしまう。

じつは、自動製氷機で作る氷には、カビがつくことがある。どうして、冷たい冷蔵庫内でカビが?と思うかもしれない。冷蔵庫の温度は3~5℃程度。もちろん、カビにとって最適な環境ではないが、こうした低温でも繁殖するのは可能なのだ。

また、水の中には微量ながら細菌も存在する。自動製氷機は、これらもまとめて氷にするということを理解しておこう。カビの発生や細菌の増殖を防ぐには、自動製氷機を定期的に掃除する必要がある。特に最も汚れがつきやすい給水タンクは、念入りにキレイにしなければならない。汚染された氷ができるのは、意外なほど早く、給水タンクを3週間手入れしなかっただけでカビつきの氷ができた、という報告もある。

給水タンクを手入れする頻度は、水道水を使っているなら、1週間に1回というのが目安。これに対して、ミネラルウォーターや浄水器を通した水の場合、3日に1回程度の掃除が必要となる。余計な手間がかかるのは、これらには水道水に含まれている塩素が入っていないため、カビや細菌の発生を抑える力が弱いからだ。

手入れの手順は次のようなものだ。まず、冷蔵庫から給水タンクを取り出して、ふたやパッキング、ケース、浄水フィルターなどを外す。そして、軟らかいスポンジを使って、水洗いすればOKだ。

暑い季節が過ぎたら、使わないでそのままにしておいた……こうした場合、汚れが目立つようなら、食器洗い用洗剤を使って洗い、その後、十分水洗いをする。この場合も、浄水フィルターだけは洗剤がNGであることを覚えておこう。

STOP

食パンを冷蔵庫で保存する

そのまま置いておくよりも、パッサパサに

買った食パンを食べ切れず、2～3日後にまた焼いたら、パサパサして全然おいしくなかった……。こんな苦い経験をしたことはないだろうか。

パンは常温のもとでは、徐々に水分を失っていき、風味も落ちていく。では、どのように保存するのが正解なのか？　多くの食品は冷蔵庫に入れればいいが、パンの場合は最悪だ。でんぷんは0℃に近いほど劣化しやすいので、キッチンにそのまま置いておくときよりも、一層パサついてしまう。

パンの保存は冷凍庫がベスト。ただし、切ったものをまとめて冷凍すると、固くくっついて、次に焼くときに取り出しにくくなる。1枚1枚をラップかアルミホイルに包んで空気を抜き、ファスナー付きのフリーザーバッグに入れるのがおすすめだ。大きなフランスパンなどは、適当な大きさに切ってから、同じやり方で冷凍しよう。

それは間違い！ いつかは危険！

調理器具の残念な習慣

電子レンジなどの調理器具も、
ダメな使い方をする人が、
なんて多いことか…。
それでは料理がまずくなり、
危ない目にあってしまうかも。

STOP

真ん中に食品を置いてチンする

温まり具合に、ムラが出てしまう

コンビニ弁当やスーパーの惣菜を温めるのはもちろん、手軽な時短調理にも活躍する電子レンジ。いまや単身世帯でも90％以上の普及率を誇り、なくてはならない調理器具となっている。

ふたを開けて食品や食材を入れ、温め方を設定して、スイッチをポンと押す。操作の仕方はごく簡単なのだが、チンした食品の温まり具合にムラがある場合はないだろうか？　その大きな原因のひとつが、ターンテーブルの真ん中に食品を置いてしまったことだ。

温めたい食品は、ターンテーブルの外側に置く。これが電子レンジの正しい使い方だ。この認識はだいぶ広まってきているが、それでもまだ、半数以上の人がターンテーブルの真ん中に食品を置いているという調査もある。

電子レンジは1940年代、レーダーの研究の副産物として誕生した。仕組みを簡単にいうと、マイクロ波という電磁波の一種により、食品中の水分子を振動させて、その摩擦熱で熱くするというものだ。

マイクロ波は電子レンジの側面上部などから放射状に照射され、金属の壁面に反射しながら食品に当たる。このため、食品をターンテーブルの端に置いた場合、回転するうちに満遍《まんべん》なく温められるわけだ。

一方、中央に置くと、マイクロ波が均一に当たりにくく、温まり具合にムラが生じやすくなってしまう。

ただし、この温め方が正しいのはターンテーブル式の場合で、電子レンジには回転トレイがないフラット式というものがある。コンビニなどに置かれている電子レンジの多くがこのタイプだ。

フラット式の電子レンジは、マイクロ波がレンジ内で満遍なく反射するように設計されている。温めたい食品は、普通に真ん中に置くのが正解だ。タイプによる使い方の違いを覚えておこう。

電子レンジ

コーヒーをつい温め過ぎる

砂糖を入れた瞬間に、ブワッ！と噴き上がる

電子レンジでコーヒーを温めた場合、チンした時間がちょっと長かったかな……と思ったら、しばらく取り出さないほうがいい。すぐにレンジから出したら、コーヒーカップを揺らした途端、あるいはコーヒーに砂糖を入れた瞬間に、ブワッ！と爆発するように噴き上がるかもしれない。

通常、液体を温めていくと、やがて沸点（水なら１００℃）に達して、泡がブクブク発生する「沸騰」の状態になる。

しかし、場合によっては、沸点に達しても泡が出ず、見た目では沸騰しているようには見えないことがある。この状態のときに、容器を揺すったり、中身をスプーンでかき混ぜたり、砂糖を加えたりといった刺激を与えると、いきなり噴き上がって、中身が激しく飛び散ってしまう。これが「突沸《とっぷつ》」と呼ばれる現象だ。

突沸が起こりやすいのは、電子レンジで飲みものをチンするとき。急激に温められて沸点に達するのに加えて、カップの内側に凹凸がないので泡が発生しにくく、沸騰していることがわかりにくい。

国民生活センターによると、チンしたコーヒーに砂糖を入れたら泡が噴き出した、チンした豆乳を取り出したら急に噴き出した、といった例があるという。ひどい場合は天井まで飛び散ったというから、軽いやけどでは済まない危険もある。

突沸を防ぐには、飲みもの類は電子レンジで温め過ぎないことが第一。チンし過ぎたと思った場合は、レンジの中で1～2分そのままにしておき、温度が少し下がってから取り出すようにしたい。

突沸が起こるのは、電子レンジで温め過ぎた場合だけではない。ガスコンロやIHクッキングヒーターでも発生することが知られている。

コンロやヒーターで注意が必要なのは、カレーやシチュー、味噌汁などのとろみのある料理。熱が対流しにくく、高温・低温の部分が局所的にできやすいのが原因だという。冷めた鍋に火を入れる場合は、弱火でかき混ぜながら温めるようにしよう。

STOP

ゆで卵や目玉焼きを温める

なんと、噛んだ瞬間に、口の中で破裂するかも！

ゆで卵を食べたい。でも、鍋で湯を沸かすのは面倒だから、電子レンジでチンして作ってみようか……。さすがに、こんな人はいまどきいないだろう。

生卵をチンしてはいけないことは、おそらく誰でも知っている。電子レンジに入れると、マイクロ波の作用によって温まっていく。内部では水蒸気が発生し、急激に内圧が高くなるが、卵の場合、殻で全体をしっかり包まれているため、その圧力の逃げ道がない。ついに殻は耐え切れなくなり、突然、激しく破裂してしまうのだ。

電子レンジに生卵を入れるわけがない。ゆで卵や目玉焼きなら、ときどき温めているけどね……なかには、こうした人がいるかもしれない。

しかし、いままで無事に温めることができていたのなら、それはもうラッキーとしかいいようがない。

生卵と同じく、ゆで卵や目玉焼きも、決して電子レンジで温めてはいけない。どちらも表面に膜があることから、チンし続けると、生卵のように破裂してしまう。もちろん、小さなうずらの卵も同じだ。

内圧がぎりぎりまで高まっているけれども、何とか破裂しないでとどまっている場合はさらに危険だ。電子レンジから取り出して箸で刺したり、歯で噛んだりした瞬間に破裂することがある。

卵のほか、薄皮で覆われているイカやタコ、殻つきの銀杏《ぎんなん》や栗なども、高まる圧力の逃げ場がないため、破裂する危険があることを覚えておこう。

土鍋

買ったら、すぐに鍋物で使う

「目止め」をしないと、水漏れしてしまう

寄せ鍋、水炊き、おでん……鍋料理に欠かせない土鍋。買い求めたら、すぐに料理をしたくなるかもしれないが、ちょっと待ってほしい。じつは、土鍋には小さな穴がたくさん空いており、細かいひびも入っている。新しい土鍋をそのまま使うと、こうした穴やひびに水が入り込み、外側にじわじわ染み出してくるのだ。

こうしたトラブルを防止するためには、実際に調理する前に、穴やひびを埋める作業が欠かせない。土鍋で最初に必要とされるこの手入れを「目止め」という。

目止めにはいくつかの方法がある。いずれも考え方は同じで、穴やひびにでんぷんを入り込ませ、水漏れをなくそうというものだ。

最も基本的な目止めは、最初におかゆを炊くやり方。格別、難しいことはない。土鍋の八分目くらいまで水を入れ、残りごはんを加えて、吹きこぼれないように弱火でゆっくり炊くだけだ。

おかゆが炊き上がったら、最低でも1時間ほど、できれば一晩そのままにしておく。そして、おかゆを取り出して、よく水洗いしたら目止めは完了。これだけで、すべての穴やひびにでんぷんがぎっしり詰まり、水が染み出すすき間がなくなる。

この目止め方法のポイントは、炊き上がったごはんを投入すること。米からおかゆを作ると、トロリとなるまでに時間がかかるので、穴やひびにでんぷんよりも先に水が入り込んで、水漏れを起こしてしまう。

目止めには片栗粉を使ったやり方もある。土鍋の八分目くらいまで、片栗粉を10％程度溶かした水を投入。弱火にかけて沸騰したら火を止め、冷めたら中身を捨てて、よく水洗いをしたらＯＫだ。

片栗粉を小麦粉で代用したり、米のとぎ汁を炊いたりする方法も知られているが、おかゆや片栗粉を使うやり方のほうが、しっかり目止めできるようだ。

最初に目止めをしても、使っているうちに、効果がだんだん薄れてくることがあるかもしれない。こうした場合、再度目止めをすれば、また快適に使えるようになる。

食パンを焼いて、すぐには取り出さない

魚の臭いが移って、臭くなる！

コンロのグリルは普段、どういう使い方をしているだろうか。焼き魚以外にはほとんど使っていないのなら、もったいない話。特に朝食はごはんではなく、パン食中心の人ならなおさらだ。

パンは高温で素早く焼き上げ、水分の蒸発を抑えるのが、おいしく焼くための秘訣。高温に達するのが早いグリルは、パンを焼くのに絶好の調理器具なのだ。こうした理屈がわかっていても、グリルで焼こうとしない人は、魚のイヤな臭いがつくと思っているのではないか。

確かに、グリルでパンを焼くと、魚の臭いが移ってしまうことがある。しかし、これは焼き上げてから、グリル内にしばらく放置していたためだ。

食材は加熱されると、表面から水分が蒸発していく。この水蒸気の流れがあること

から、焼いている間はパンに臭いがつくことはない。

ただし、加熱を止めると、パンから外へと向かう流れがなくなる。このため、グリル内にこもっている魚の臭いが、徐々にパンに移っていくわけだ。

グリルでパンを焼く場合、焼き上がったら、すぐに取り出すのがポイント。これで、表面はカリッとして、中はふっくら、しかもイヤな臭いなどないパンを食べることができる。

強火で一気に焼くのがおすすめだが、表面が焦げやすいので、様子を見ながら焼くようにしよう。

オーブントースター

加熱中に発火したとき、トビラを開ける

空気が入り込むので、勢いよく燃え上がる！

トーストなどを焼くのに便利なオーブントースターは、たいていの家庭にあるキッチン家電のひとつ。使い方はとても簡単だが、うっかり、パンを焼き過ぎてしまったら大変だ。中でいきなり発火し、大きな炎を上げて燃えることもある。

オーブントースターの中で、パンや餅が燃えたらどうすればいいか？　一瞬、パニックになり、あわててトビラを開けようとする人がいるかもしれない。しかし、これは絶対にやってはいけない対処法だ。オーブントースターの中に新鮮な空気が入り込み、パンや餅はさらに勢いよく燃え上がってしまう。

正しい対処の仕方は、まず電源コードを引き抜く。そして、何もしないで待つ。庫内の酸素がなくなると、自然に鎮火するので、それほど心配することはない。万一、鎮火しない場合や、トビラが開いてしまったときは、水をかけて消火しよう。

料理がまずい！栄養を失う！

クッキング

の残念な習慣

STOP

米や食材の洗い方から、
野菜の保存の仕方まで、
驚くほど多くの人が
残念な習慣を身につけている。
せっかくの料理が台無しだ。

昆布

賞味期限が切れたら捨てる

期限が切れてからのほうが、香り高いだしがとれる

キッチンの戸棚から、使っていないだし昆布が出てきた。賞味期限をチェックしてみると、何と1年前に切れている……。こうした場合、このだし昆布をどうするか？

「当然、捨てる」と思った人は、ものすごく損をしてしまう。

じつは、だし昆布の賞味期限については、あまり気にする必要はない。製造後1年を賞味期限にしていることが多いようだが、これは法律上の表示義務があるから、一応そのように記しているだけのことなのだ。

昆布は時間がたつと、繊維が軟らかくなって、より濃厚なだしが出る。濃厚でコクのあるだしが特徴の羅臼昆布の場合、賞味期限内が過ぎたあとの2年目、3年目あたりが最も味が良い。風味最高の透明な高級だしが取れる利尻昆布の場合、20年以上寝かせることもあるという。

戸棚の奥などから、賞味期限が切れただし昆布が出てきたら、「しまった……」ではなく、「もうけた！」と思うようにしよう。料亭ではあえて1年ほど寝かしてから使うところもあるほどだ。家庭で試してみるなら、密封できるガラス瓶などに入れて、戸棚に置いておけばいい。

ただし、保管状態がまずくて、カビが生えてしまえば使えない。よく白い粉のようなものが付いているが、多くの場合、これは「マンニット」といううま味成分。昆布のカビは白い綿のようなものかアオカビだ。カビかどうかは、匂ってみれば簡単に判別できる。

軽量スプーン

「大さじ1／2」で、半分の深さまで入れる

2／3まで入れないとダメ！ 全然足りない

雑誌やウェブで見るレシピには、「1カップ」「大さじ1」「小さじ2」「少々」「ひとつまみ」など、材料や調味料の使用量がさまざまな表現で示されている。これらの中で、カン違いしている人が多いのが「大さじ1／2」だろう。

「醤油大さじ1／2」とあるレシピを見て、計量スプーンの半分の深さまで醤油を入れて調理すると、できあがった料理の味はやや物足りないはずだ。考えてみれば、これは当然。スプーンは半円状になっているので、半分の深さまで入れた量は、実際の大さじ1／2よりもだいぶ少なくなる。

醤油などの液体の「大さじ1／2」は、スプーンの深さ2／3と覚えておこう。では、塩や砂糖などの固体はどうするか？ この場合、スプーンにたっぷり入れてから表面をすり切り、ヘラや小さなスプーンで半分を払い落とせばいい。

豆腐

四角く切って食べる

崩さずに食べやすい形は、なんと三角形

サイコロのように切る「さいのめ切り」、もっと小さく切り分ける「あられ切り」、細長くする「拍子木切り」など、豆腐の切り方にはいくつか種類がある。

いずれの方法にも共通しているのは、「四角く切る」ということだ。けれども、切った豆腐を箸でキレイにつまみ、口まで崩さずに美しく持っていきたいと思うなら、正しい切り方は四角ではない。

四角に切った場合、まず箸で豆腐を挟み、それから持ち上げるという二種類の力が必要となる。このため、力が入り過ぎて、豆腐が崩れてしまうのだ。

では、崩れにくい切り方は何か？　意外かもしれないが、三角に切ることだ。こうすると、箸で挟む力がほとんどいらない。豆腐にかかるのは、持ち上げるときの力だけになるので、ずっと崩れにくくなる。ぜひ一度、試してほしい。

STOP

野菜のように、洗って食べる

風味も香りも栄養も損なってしまう！

野菜は調理する前に、流水で洗うのが一般的。細かい土や汚れが付着していることがあるし、残留農薬も気になるだろうから、洗うのは当たり前だ。逆に洗わない人がいれば、「どうして洗わないの？」と聞きたくなる。

では、きのこはどうか。野菜と同じように、いつもきれいに洗っている人が多いのではないだろうか。だが、その習慣は考え直したほうがいい。「どうして洗うんだ！」と、きのこ農家に叱られてしまう。

国内で栽培されたきのこは、洗わないでそのまま調理するのが基本。水で洗うと、きのこ独特の風味や香りを大きく損ない、せっかく含まれている水溶性の栄養分も流れ落ちてしまうからだ。

加えて、きのこは種類によっては、非常に水を吸いやすいという特徴を持っている。

水洗いすると、重量の約40％もの水分を取り込んだという実験もあるほどだ。洗ったきのこを炒め物にすると、水洗いがNGな理由がよくわかるはず。だんだん水分がにじみ出てきて、炒め煮のような仕上がりになってしまう。

味が落ちるうえに、栄養も少なくなるのだから、きのこを洗うのはじつに残念な習慣だ。全国的な大手きのこメーカーも、自社ホームページなどで、洗わないで食べることを消費者に呼びかけている。

それにそもそも、きのこ狩りなどで採ってきたものはさておき、栽培されたものは洗う必要がない。国内のきのこは、クリーンな無菌状態の環境のもと、温度や湿度をしっかり管理されて作られている。畑で野菜を栽培するのとはまったく異なる、工場生産に近い栽培方法だと考えていいだろう。このため、きのこには基本的に、汚れはほとんど付いていない。

ただし、菌床《きんしょう》栽培で使われているおがくずなどが、多少付着していることもある。手で払ったり、湿らせたキッチンペーパーで拭いたりしても気になるのなら、流水でほんのさっと洗うようにしよう。

なめこ

ほかのきのこのように、洗わずに食べる

数日たったら酸っぱくなるので、洗うべし！

風味や味わいなどの問題から、きのこは通常、洗わないで調理するのが正解だ。しかし、洗って食べたほうが味が良くなる場合もある。

きのこの中でも、ときには洗ったほうが良いものの代表が、味噌汁の具にするとおいしいなめこ。とはいえ、新鮮なものなら洗う必要はない。パックから取り出して、そのまま鍋に投入してＯＫだ。

洗わないと味が落ちるのは、買って数日たって、やや古くなった場合。こうしたなめこには、乳酸菌が繁殖していることが多い。そのまま使うと、やや酸っぱさを感じることがあるので、洗って調理するほうがおいしく仕上がる。

洗うといっても、ごしごし力を入れたり、時間をかけて丁寧に行うのはＮＧ。調理直前に流水でさっと流す程度にするのが、うま味をなくさないためのコツだ。

冷凍食パン

解凍してから焼く

解凍中に水分を失って、パサパサになる

冷凍していた食パンを解凍し、トースターで焼いてみたけど、パサパサして全然おいしくなかった……こんな残念な経験をした人もいるのでは？　まずさの原因は明白。焼く前に解凍してしまったことだ。

冷凍したパンは、じわじわ解凍されるうちに、ジューシーさの元である水分を失っていく。このため、焼くとどうしてもパサついてしまうのだ。冷凍食パンをおいしく焼くには、冷凍庫から取り出したままで、すぐにトースターで焼くのが基本。外はパリッと焼き上がるのに加えて、中は意外なほどもちもちした味わいになる。

ただし、じつは冷凍食パンには欠点がひとつある。食パンの四隅は乾燥気味になるので、焼き上がりがここだけ少しパサついてしまうのだ。これをカバーするには、四隅に水分をちょっと足してから焼くこと。これで、さらに味わいがアップする。

卵

器の角や平たい面に当てて割る

「円柱」のモノの側面に当てるのがベスト

黄味が崩れたり、細かい殻が混じったりと、卵をキレイに割るのは簡単なようで難しい。上手に割るには、どうすればいいのか。

最も一般的な卵の割り方は、器などの「角」にコツンと当てる方法だろう。しかし、ごく狭い部分に強い力が加わるので、亀裂が入りやすい一方で、殻が細かく砕けやすい。そのうえ、ときには黄味が崩れてしまう。

角ではなく、テーブルなどの「平面」に当てて割る人もいる。これだと、当てるときに大きな衝撃が加わりにくいので、殻が細かく砕けるといった失敗を減らすことができる。ただし、この割り方は力の入れ加減がけっこう難しい。弱めに当ててしまった場合、亀裂がきれいに入らず、殻が陥没するだけのことも少なくない。

では、最もいい割り方を紹介したい。卵を当てる場所は、角と平面の中間である

「球面」。すりこぎやワインの瓶など、固くて円柱状のものを倒して置き、カーブしている側面に卵を上から当てる割り方だ。

この方法は、卵に加わる衝撃力がちょうどいい。「角」と「平面」の長所を併せ持ち、大きな亀裂が入りやすく、殻が細かく砕けることがない。

もうひとつ、裏技的な卵の割り方を伝授しよう。両手に卵をひとつずつ持ち、卵同士をぶつけるという方法だ。こうすると、弱い殻だけに亀裂が入る。よっぽど強く当てない限り、両方の卵が割れることはない。大きなオムレツを作るときなど、卵を続けて割る場合に試してみたい方法だ。

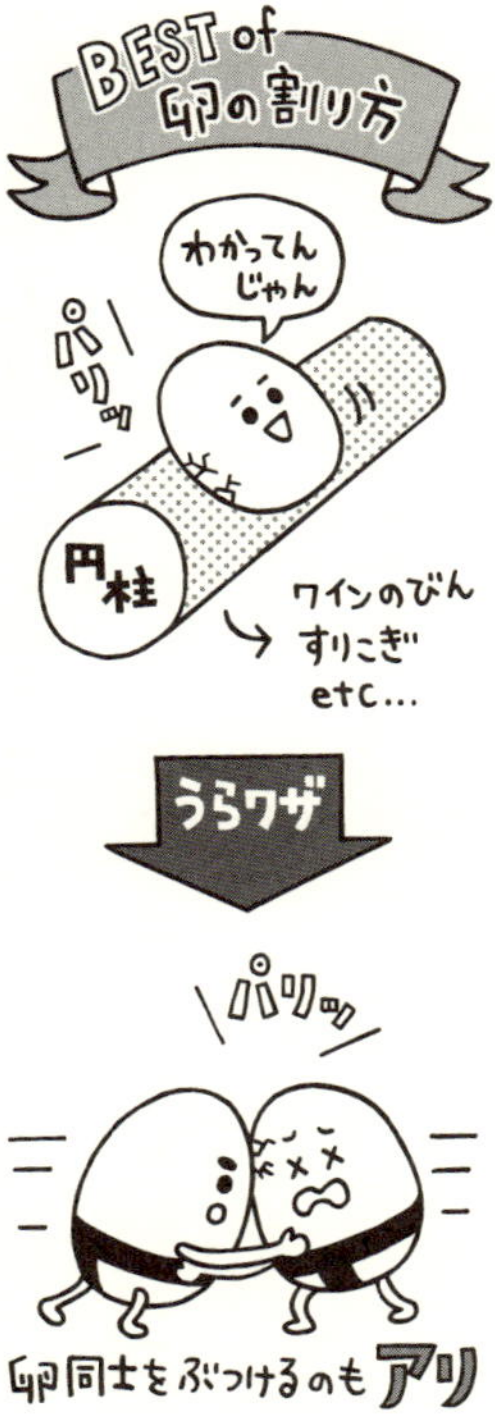

袋入りうどん

ラーメンのように3分ゆでる

ゆで済みの食品なので、ふにゃふにゃに…

スーパーの麺類売場には、透明の袋に入った格安のうどんが並んでいる。袋には調理方法が記載されていないものが多いが、ラーメンをゆでるときのように、3、4分も熱湯に入れっ放しにするのは禁物だ。麺が軟らかくなり過ぎて、おいしく食べられなくなってしまう。

生のうどんは通常、熱湯で10分以上ゆでる必要がある。これでは少々手間がかかるので、袋入りうどんは手早く食べられるように、ゆでた状態で販売されている。冷えてガチガチに固まってはいるが、そのままでも食べられなくはないのだ。

袋入りうどんを食べる前にゆでるのは、あくまでも、温めることによって麺をほぐすのが目的。だから、湯の中で麺が温まり、箸でほぐれるようになったら取り出そう。ゆで過ぎたら、コシがなくなりまずくなってしまう。

袋入りうどん

袋から出して、そのままゆでる

おいしく食べたいなら、チンしてゆでるべし！

袋入りのうどんは、昼食や夜食として手軽に食べることができる。しかし、讃岐うどんなどと比べると、コシの強さは比べようもない。これは流通する間に品質が劣化しないように、水分を多く含ませているからだ。

袋入りうどんに、コシの強さを求めるのは無理なのか？　じつは、ひと手間加えるだけで、食感がアップする方法がある。

まず、うどんを袋から取り出して耐熱皿にのせ、ラップをかけて、５００Ｗの電子レンジで2分程度加熱。これだけで、うどんに含まれているたんぱく質の水分量が減って、麺にコシが生まれる。

ただし、このままでは水分量が減り過ぎているので、さらに1分程度ゆでてから食べるようにする。安い袋入りうどんの味が良くなる、とっておきの裏技だ。

米

水道の蛇口から流水を注いで研ぐ

最初の水洗いが遅くなって、ぬか臭くなる！

日本人なら、誰でもごはんの炊き方は知っているはず。しかし、毎日やっているその炊き方は、本当に正しいのだろうか？　日頃やってしまいがちなNG行動を、順に紹介していこう。

まず、米の研ぎ方から。米の表面には、精白したときに出るぬかがついている。いまは精白技術が進んでおり、昔ほど多く付着しているわけではないが、やはり研いでぬかを取り除く作業は必要だ。

研ぐときに非常に大事なのが、最初にどうやって水に浸すか。多くの人は米をボウルに入れて、それに水道水を流し込んでいるのではないだろうか。だが、この方法では、おいしいごはんを炊くのは難しい。

乾いた米は、水に浸されたら、あっという間に水分を吸収する。このとき、水分と一緒に、ごはんのまずさの大きな原因になる〝ぬか臭さ〟も米の内部に閉じ込めてしまう。だから、最初に加える水は、できるだけ早く加えて、できるだけ早く捨てなければならない。

米が水分を吸う速さを考えたら、ボウルに水道水を流し込むやり方では遅過ぎる。この水洗いの作業では、何よりもスピード感が大事なのだ。

正しい方法は、米をざるに入れて、水をたっぷり張ったボウルに一気に浸ける。そして、手で1～2回だけ、ざっと素早く混ぜてから、すぐにざるをあげるようにする。こうすれば、ぬかの臭味が米の中に取り込まれない。

最初に加える水については、できれば水道水ではないほうがいい。わずかながら、米にカルキ臭が閉じ込められてしまうからだ。臭いに敏感な人には、浄水器を通した水か、ミネラルウォーターを使うことをおすすめする。

最初の水洗いが済んだら、次は米を研ぐ作業。このときも、水の扱い方がポイントとなる。水を張った中で行うと、米同士の摩擦が起きないので、研ぐ効果が薄れてしまう。水を張って行うのは、最初の水洗いだけと覚えておこう。

米

古米も新米と同じく、さっと研いで炊く

表面が劣化しているので、しっかり研ぐべし！

ごはんをおいしく炊くためには、米の研ぎ方も重要なポイント。「研ぐ」という言葉には、ギュッ、ギュッと力を入れて行うイメージがある。とはいえ、これは精白技術が進んでいなかった昔の話だ。

現代のぬかが少ない米は、力を込めて研ぐと、米と米がぶつかり合って割れやすい。このため、指を開いて指先を曲げた状態で、大きな円を描くように、優しくかき混ぜるようにする。これが、いまの正しい研ぎ方だ。

ここまではよく知られているだろうが、じつは新鮮な新米に限った研ぎ方。古米には異なるやり方が必要となる。古米は表面が劣化しているので、新米のように軽く研ぐと、おいしいごはんには炊き上がらない。昔のように力を入れてしっかり研ぎ、劣化した部分を落とすのが正解だ。

米

水が透明になるまで研ぐ

栄養やおいしさの元が流れ出してしまう

研いだ米に水を加えると、水が白く濁る。これでは全然だめだと、水を捨てて再度研ぎ、また水を加えて……と何度も行ううちに、ようやく透明になる。キレイ好きの人の中には、ここまでやる人がいるかもしれない。もちろん、こうしたすすぎ方を心がけると、炊いたごはんは格段にまずくなる。

水が白く濁るのは、でんぷんが溶け出すからだ。透明になるまでしっかりすすぐと、米が持つ栄養やおいしさの元をなくしてしまうことになる。

指で10回ほどかき混ぜたら、水ですすいで洗い流す。これを3～4回繰り返したらストップ。水はまだうっすらと白く濁っているだろうが、これ以上すすぐのはNGだ。米をざるから炊飯器や釜に移し、夏場や新米は30分程度、冬場や古米なら1時間ほど水に浸して、米に水を吸わせてから炊くようにしよう。

おにぎり

炊いたごはんでそのまま握る

ごはんに空気を含ませないと、ベチャベチャに…

おにぎりを作るのは苦手。どうしてもベチャベチャになるから……。こう思う人は少なくないのでは？　上手にできないのは、ひと工程を省いているからかもしれない。おにぎりを作るときは、固めにごはんを炊いて、しっかり蒸らすことが大事。ここまでは大丈夫な人が多いだろう。省かれがちなのは、この次に行うべき作業だ。

炊いたごはんは、いきなり握ろうとしてはいけない。握る分だけ、大きめの皿やバットなどに移し、しゃもじを斜めに入れて、大きく「切る」作業が不可欠。余分な水分が飛び、ごはんの中に適度な空気が入って、ふんわりした仕上がりになる。

バットに移すのは面倒だと、この作業を炊飯器や釜の中で試みるのは最悪だ。しゃもじを大きく動かしにくいので、「切る」ではなく、「混ぜる」ことになり、ベチャベチャしたおにぎりになってしまう。

包丁

どんな食材も同じように握って切る

固さによって握り方を変えないとケガの元！

ヒラメの薄造りを作るときも、カボチャを真っ二つにするときも、同じように包丁を握って使ったらどうなるか？　当然、キレイに切り分けるのは難しいし、ケガにもつながってしまう。

一般的によく使われるのは、柄の付け根近くを握る持ち方だ。親指と人差し指、中指の3本でしっかり握るのがポイントで、薬指と小指は軽く添えるようにするといい。刺身などの軟らかい食材は、包丁のミネに人差し指をのせて切るのがコツ。こうすると、包丁が動きにくくなって、より繊細な切り方ができる。

カボチャや魚のアラなどの固いものは、強く握らなければケガにつながってしまう。5本の指と手のひら全体で握りしめ、力の入りやすい、包丁の手元に近いほうで切るのが正解だ。包丁は料理によって、持ち方を使い分けるようにしよう。

キャベツ

買ってすぐ冷蔵庫に入れる

芯をくり抜かないと、劣化するのが早い！

野菜は保存の仕方を間違えると、すぐにしなしなになったり、傷んだりしてしまう。それぞれの野菜に合った保存方法を知っておきたいものだ。

まず、かさのあるキャベツを1個丸ごと買った場合、どうすればいいのか？ そのまま冷蔵庫の野菜室に直行させる人も多そうだが、それでは何日もたたないうちに劣化してしまうだろう。

キャベツを長持ちさせるコツのひとつは、芯をくり抜いてから保存することだ。丸のままだと、芯が葉の水分を吸ってしなびやすくなる。

芯を取るには、キャベツを逆さまにし、芯の周りに何度か包丁を斜めに差し入れて、最後はねじりながら引き抜くといい。小さな包丁や果物ナイフを使ったほうがやりやすいかもしれない。芯をくり抜いたら、キッチンペーパーに水を含ませて詰めておこう。このプラスのひと手間で、一層新鮮を保つことができる。

また、キャベツは外葉がついたままで売られていることがある。こうした場合、かさばってじゃまだからと、はがしてから持ち帰るのが当たり前と思ってはいないだろうか。しかし、この考えは間違いだ。

キャベツの外葉は捨ててはいけない。固くて厚い外葉でしっかりくるんで保存すると、軟らかい葉の表面から水分が蒸発するのを抑えられ、おいしさがぐっと長持ちする。そのうえで、湿らせた新聞紙でくるみ、ポリ袋などに入れてから野菜室で保存すれば完璧だ。

葉つきの大根

STOP

そのままの形で保存する

葉を落としておかないと、すぐにスが入る

スーパーの野菜売場に並んでいる大根は、葉っぱを切り落としているものがほとんど。でも、大根の葉にはとても栄養がある。直販所などで葉っぱつきを見つけると、うれしくなって、すぐに買う人は多いだろう。

お得な買い物をした気分にしてくれる、葉つきの大根。けれども、そのまま保存すれば、メインである根が劣化していくのを知っているだろうか？ 食べ切れないうちに日が過ぎると、驚くほど早いうちに〝ス〟が入る羽目になる。

野菜は収穫後も生きていて、生長し続けようとする。大根の場合、葉をつけたままにしておくと、根から水分や栄養分を吸い上げてしまうのだ。根の部分を劣化させずに保存するには、葉を切り落としておくことが大切。これは同じ根菜であるにんじんも同じ。葉は日持ちしないので、炒め物などにして、早めに食べるのがおすすめだ。

ホウレン草

STOP

そのまま冷蔵庫に入れる

濡れた紙で包まないと、すぐにしおれる

栄養価が抜群で、使い勝手もいいホウレン草。とても人気が高い緑黄色野菜だが、日持ちしないというマイナスイメージがある。しかし、たった2～3日でしおれてしまう場合、保存の仕方が悪いのかもしれない。

ホウレン草がしおれるのは、水分が失われてしまうからだ。買ってきたときの状態で、すぐに野菜室に入れたら、あとは徐々にしおれていくしかない。

しなしなになるのを防ぐには、適度な水分補給がポイント。湿らせた新聞紙やキッチンペーパーで包み、ポリ袋などに入れて密閉してから野菜室へ。寝かせるのではなく、畑で生育しているときのように立てて保存すると、より元気が長持ちする。

小松菜もホウレン草と同じ方法で保存できる。とはいえ、いずれもそう長くは保存できないので、早めに食べ切るようにしよう。

レタス

ほかの野菜のように、包丁で切る

切り口が酸化して、赤茶色になる！

サラダに欠かせないのが、シャキシャキした食感が魅力のレタス。丸のまま買った場合、まず半分だけをサラダにし、残りは野菜室で保存しておくことも多いのでは。こうしたとき、翌日また食べようと取り出したところ、切り口が赤茶色に変色していることがある。これはカットの仕方が良くなかったからだろう。

レタスは、「切る」のではなく、「ちぎる」のが正解。包丁で切ると、レタスの細胞がスパッと切れて壊れてしまう。このため、細胞に含まれるポリフェノールがにじみ出て、空気に触れて酸化し、赤茶色に変色するのだ。

一方、手でちぎると、細胞同士が離れるように分かれ、ポリフェノールがあまり空気に触れないので変色が抑えられる。加えて、切断面がギザギザになって広くなり、ドレッシングがからみやすくなる。もう包丁は使わないようにしよう。

やれば台無し！ おいしくない！

食べる・飲む
の残念な習慣

食べる、飲むという、
最も基本的な行動の中にも、
カン違いはたくさんある。
間違った習慣を正して、
もっとおいしく味わおう。

缶詰

購入したら、早めに食べる

半年以上たったもののほうが味がいい！

魚や野菜は鮮度が何より。時間がたつにつれて、劣化して味が落ち、やがて傷んで食べられなくなる。生鮮品だけではなく、スーパーに並ぶ惣菜なども、製造当日に食べるのが一般的だろう。

缶詰も同じで、新しいもののほうが味がいい、と思いたくなる。しかし、これは大きなカン違い。もしも購入するとき、ふたに表示されている日付を見比べ、製造後間もないものを選んでいるなら、即刻やめたほうがいい。

じつは、缶詰は製造直後よりも、半年以上たったもののほうが味がいい。この傾向は、特に魚介類の缶詰で強く見られる。

缶詰の味わいは、身のすべての部分に味が染み渡っているのが特徴。しかし、製造したばかりの時点では、調味液がまだ均一に染み込んでいないため、どうしても、味わいにムラが出てしまう。缶の中全体に味が行き渡るのは、半年ほどかかるといわれている。

加えて、製造直後の缶詰は、魚介類の身に締まりがなく、食感がいまひとつ良くない。しかし、徐々に調味液の塩分が染み込んでいくことにより、身から水分がにじみ出てくる。そして、この場合も半年ほどで、適度に身が締まってくるのだ。

ただし、製造後5年ほどたつと、糖とアミノ酸の化学反応によって、変色したり、味が落ちたりする場合がある。魚介類の缶詰の食べ頃は、製造後半年から3年程度と覚えておこう。

バゲット

丸まった上側から包丁で切る

上側は軟らかいので、断面がボロボロに…

パンの中でも、キレイにスライスしにくいのがフランスパン。包丁やナイフの刃がスッと入りにくく、パン全体が押しつぶされてしまったり、断面がボロボロの状態になったり、はがれたカスが出たりする。

フランスパンはそんなもの……と思っている人もいるようだが、まったく違う。発想を変えて、パンを引っくり返してから切ってみよう。たったこれだけのことで、スパッと美しく切れ、カスがこぼれることもない。

普通に切るとボロボロになるのは、丸い上側の部分には弾力があるから。これに対して、平たい底のほうは、火が強めに入っているので、だいぶ固い焼き上がりになっている。このため、刃がスムーズに入り、ボロボロにならないで切ることができる。試してみると、こんな簡単なことだったか！とビックリするだろう。

食パン

冷たい包丁で切り分ける

湯せんして温めないと、スパッと切れない

パン好きの人の中には、食パンは1斤丸ごと買う人が少なくないだろう。6枚や8枚に切られた状態のものは、どうしても水分が少しずつ逃げていく。手間はかかるものの、食べる直前に自分でスライスするほうがおいしい。とはいえ、食パンを切るのは意外に難しく、断面がグシャグシャッとしてしまいがちだ。パン屋が切ったものとはだいぶ違う、見た目の悪い、残念な感じの切り口になることが多い。

食パンをスパッとキレイに切るには、ちょっとしたコツがある。スライスする直前に、包丁やパン切りナイフを温めることだ。こうすると、刃を入れたときにパンの油分が溶けるので、断面がぐっと滑らかになる。

包丁を湯せんし、水気をしっかり拭き取ってから切るようにしよう。ガスの火などで直接炙るほうが簡単だが、熱し過ぎると、刃が変形するのでやめたほうがいい。

ストロー

缶飲料の飲み口に差して飲む

プルタブの穴に入れると、驚くほど安定する

缶そのものが汚れていそう。飲み口に口紅がつくのが嫌い。車を運転しているとき、手元が見えにくいのでこぼしてしまう。こうしたさまざまな理由により、缶コーヒーや缶ジュースに口をつけるのを嫌がる人がいる。

直接飲みたくないのなら、ストローを使う手がある。ただし、飲み口に普通に差し込んだら、ストローがふらふら動いたり、浮き上がってきたりと、やや飲みにくい。そこで、ぜひ試してみたいのが、ちょっとした工夫で安定する画期的な方法だ。

ポイントは缶のふたの使い方。まず通常のように開けてから、ふたを飲み口のほうにくるっと180度回してみよう。そして、ふたの穴にストローを差す。さらに、ふたを少し元のほうに戻し、缶との間にストローを挟んだらOKだ。これでストローが安定して飲みやすくなる。女性や潔癖気味の人におすすめの裏ワザだ。

紙パック飲料

注ぎ口を下にしてコップに注ぐ

注ぎ口を上にして注ぐと、ぐっとスムーズに

紙パック飲料には、丸いキャップの注ぎ口がついているものが多い。こうした紙カップ飲料をコップに注ぐとき、こぼしてしまったことはないだろうか？　ドボッ、ドボッと、断続的に勢い良く飲料が出てくるため、こうした残念な失敗は起こる。

紙パック飲料をキレイに注ぐのは、じつは簡単。注ぎ口はパック上部の真ん中ではなく、端の近くについている。失敗する人は、この注ぎ口が下になるように持って注いでいるはず。この逆に、注ぎ口を上にして注いでみよう。

パックから飲料が出ていくには、同じ分だけの空気がパック内に入っていく必要がある。注ぎ口を下にして注ぐと、空気が入るすき間がないので、この動きがスムーズにいかない。これに対して、注ぎ口を上にすると、パック内の上部に空洞ができる。このため、飲料と空気が滑らかに出入りして、キレイに注げるわけだ。

スプーン

砂糖を入れて、ぐるぐるかき混ぜる

その混ぜ方では、渦の中心にある砂糖が溶けない

コーヒーや紅茶に砂糖を入れたとき、スプーンをどのように使っているだろうか？　そんなこと聞くまでもない、ぐるぐるかき回すに決まっている……こう思った人は、マナーに厳しい人からお叱りを受けそうだ。スプーンをかき回すのは下品な振る舞い。手前から奥へ、奥から手前へと、静かに動かすのが正式な作法なのだと。

前後に動かすほうがいいのは、見た目が優雅というだけではない。スプーンをぐるぐる回すと、砂糖が早く溶けそうな気がするが、じつはその逆。渦の中心に砂糖が集まって、意外にも溶けにくくなる。前後に動かすほうが、砂糖が大きく動くので、もっと早く溶かすことができるのだ。

前後に動かすときに注意したいのは、決して強く動かさないこと。大きな波が立ってこぼれてしまうと台無しだ。

フルーツグラノーラ

STOP

ダイエット食として食べる

じつはカロリーが高く、ダイエットには不向き

ヘルシーな食品として、女性を中心に人気の高いフルーツグラノーラ。オーツ麦やライ麦といった穀類をメインに、ナッツ類やドライフルーツを加え、蜂蜜などのシロップを混ぜて焼いたものだ。

フルーツグラノーラは食物繊維を多く含んでいることから、体重を落としたい人におすすめだというイメージもある。確かに栄養豊富な食品ではあるが、これをダイエットフードと思うのはやめたほうがいい。

市販されているフルーツグラノーラは通常、その成分の6割以上が糖質。材料で3番目に多く使われているのは砂糖で、加えて、脂肪になりやすい果糖を含むドライフルーツもたっぷり入っている。1食分50g当たりのエネルギーは、茶碗1杯分のごはんと同じだから、決してダイエットに向く食品ではない。

納豆

炊きたての熱々ごはんにかける

納豆菌は高温に弱いので、死んでしまう…

炊きたてごはんに納豆、味噌汁といえば、日本人が大好きな組み合わせの朝食だ。朝からたっぷり栄養補給ができそうに思えるが、じつは食べ方によっては栄養が半減してしまう。あなたは知らぬうちに、そんな残念な朝食をとってはいないだろうか？

納豆を食べると体に良い、とされる理由のひとつは、ナットウキナーゼという酵素を取り入れることができるからだ。この独特の酵素は、納豆のネバネバ成分に含まれているもので、血液をサラサラにする効果があり、血栓の予防に有効とされる。

ところが、ナットウキナーゼは高温に弱い。50℃を超える環境のもとでは働きが鈍くなり、さらに70℃以上になるとほとんど死んでしまう。納豆は炊きたて熱々ごはんにかけるに限る、と思っている人が多いだろうが、その温度は60℃をゆうに超えている。こうした高温下では、酵素が息も絶え絶えの状態になってしまう。

納豆は少しだけ冷ましたごはんにのせるのがベスト。ごはんのうま味や甘みが最も感じられるのは40℃〜48℃。この温かさなら、ナットウキナーゼが元気良く働く。

味噌汁でポイントとなるのも、納豆と同じく温度。味噌に含まれている乳酸菌や酵母も、やはり高温に弱く、50℃を超えると元気をなくし、70℃程度で死滅する。

体内で活発に働かせるには、味噌を溶く前に、少し冷ますことが大切。「香りが飛ばないように、火を止めてから味噌を入れよ」と昔からいわれるが、栄養学的には「乳酸菌や酵母が死なないように、火を止めてしばらくしてから味噌を入れよ」が正解だ。

シュークリーム

そのまま手に持ってかぶりつく

逆さにして食べないと、クリームがこぼれやすい

中にクリームがたっぷり入ったシュークリーム。おいしいんだけれども、食べるうちにクリームがあふれ出てきて、指についたり、床に落としてしまったり……。いくら注意を払っても、こんな残念な失敗を繰り返す人は、ここで紹介する食べ方をぜひ試してほしい。

最も簡単なのは、上下を引っくり返して食べること。上部のふくらんでいる部分には、大きな空洞が不規則に空いている。逆さまにすると、この空洞にクリームが入るため、こぼれにくくなるのだ。

もうひとつの手は、半分に割って食べる方法。こうすると、生地にクリームがすっぽり収まった形で、ふたつに割ることができる。小さくなって食べやすいので、クリームがこぼれにくくなるわけだ。ただし、クリームが手につかないように注意しよう。

ビール

ケースで買って、キッチンで保存する

だんだん味わいが落ちる。日光が差し込むと最悪

ビールや発泡酒は、箱入りのケースでまとめ買いすると安くてお得。買って持ち帰ったら、数本だけ冷蔵庫に入れて冷やし、残りはケースに入れたまま、キッチンの隅などに保管するのが普通だろう。しかし、この保管方法では、ビールは少しずつ劣化し、味わいが悪くなってしまう。

ビールは熱と日光が大敵。キッチンの中でも、陽が差し込む窓の近くに置いたり、車のトランクなどに入れっ放しにしたりすると、あっという間に風味が落ち、泡立ちも悪くなる。冷蔵庫に入り切らない場合、保存場所として適当なのは「冷暗所」だ。けれども、多くの家には、ビールケースを置けるような広さの冷暗所はない。

味にこだわるビール好きなら、一度に買うのは、まとめて冷蔵庫に保存できる程度にしておきたいものだ。

ビール

冷蔵庫のドアポケットに入れる

ドアの開け閉めのたびに揺れて劣化する

ビールは冷蔵庫のどこで保存するのがいいだろう。大半の人は、ドアポケットに入れているのではないか？　これで何も問題ないようだが、本当のビール好きなら、決してここには置かないはずだ。

冷蔵庫の中でも、ドアポケットは縦に長いものを置きやすいので、ビールやドリンク類の定位置になるのも無理はない。しかし、ドアポケットは開け閉めするたびに、かなりの振動が加わる。これがビールには大敵なのだ。

ビールは揺らされると、泡の元である炭酸ガスが気化し、風味が落ちてしまう。もうひとつ、ドアポケットは開け閉めの際、急に温度が上がる。この温度変化もビールには良くない。また、ドアポケットには卵や牛乳もよく入れられるが、これらの食品も温度変化で劣化しやすいので、庫内の棚に入れるのがおすすめだ。

ビール

キンキンに冷やしたグラスに注ぐ

本来の風味を感じられず、泡もできにくくなる！

暑い夏、よく冷えたビールは格別。冷蔵庫でキンキンに冷やすのはもちろん、グラスも冷凍庫で冷やしておく〝ビール通〟も少なくないだろう。

炭酸ガスは低温のほうが溶けやすいので、ビールは冷やせば冷やすほど、味わいが刺激的になる。このキリッとしたのどごしを好む人もいるだろうが、本当のところを知っておいたほうがいい。これは決して〝通〟のやる行いではない。

ビールの適温は5～8℃程度。これ以上冷やし過ぎたら、ビール本来の風味を感じられず、キレイな泡もできにくくなる。そのうえ、冷凍庫から出したばかりのグラスに注ぐと、グラスと接触する部分が瞬間的に凍って、風味がさらに劣化する。

冷蔵庫で4時間程度冷やしたビールを、常温のグラスに注いで飲む。これが本物の〝ビール通〟だ。

ビール

STOP

早く冷やそうと、冷凍庫に入れる

凍って味が落ち、缶が破裂する恐れも！

仕事帰りにビールを買い、家に帰ってひとっ風呂。湯から上がって、さあビールを飲もうとしたら……何と、冷蔵庫に入れるのを忘れていた！　こうした場合、どうやって早く冷やすのがいいのか。

冷凍庫で素早く冷やすのが一番。こう考えて行動する人は、最悪の結果を招くかもしれない。ウォッカやジンなら、冷凍庫でキンキンに冷やす飲み方はある。しかし、これはアルコール度数が約40％と高く、冷凍庫程度では決して凍らないからできることだ。アルコール度数が5％程度のビールでは、絶対にやってはいけない。

炭酸ガスを含んだ液体は、凍ると体積が大きく増えるという性質を持っている。このため、ビールを冷凍庫に入れて、完全に凍ってしまうと、缶が膨れたり、ひどい場合は破裂したりする場合があるのだ。

凍結はしたが、何とか缶の変形を免れた場合はどうか。解ければ飲めるだろう、と思うかもしれないが、ビール会社は解凍後の飲用はすすめていない。凍ったら成分が変化し、味が格段に落ちているからだ。

でも、冷凍庫に入れて、凍る前に取り出せば大丈夫ではないか。こういう考えもありそうだ。けれども、この方法もNG。栓を開けた途端、中身が勢い良く噴き出したり、その衝撃で缶が破裂したりする危険がある。

では、ビールを大至急冷やすにはどうしたらいいのか。最も効果的で、しかも安全なのは、大きなボウルなどに水を入れ、氷をたっぷり加えて、その中に缶を浸けるやり方だ。こうすると、20～30分程度で、冷えたビールを飲むことができる。白ワインやほかのドリンク類も、この方法で冷すことが可能だ。

冷蔵庫内でビールが凍るのは、冷凍庫だけではない。最も冷たくなる、奥の冷風口近くに置いた場合も、部分的に凍ってしまうことがある。完全に凍ることはないだろうが、招きたくないトラブルであることには変わりはない。やはり風味が落ちたり、泡立ちが悪くなったりで、ひと口飲んでがっかりするだろう。

マーガリン

毎朝、パンに塗って食べる

∴心臓病のリスクが大！　米国では製造禁止に

バターは「動物性脂肪」だから健康に悪影響を与え、マーガリンは「植物性脂肪」なので体に良い。１９６０年代～80年代には、こういったことがよくいわれていた。いまでも、この〝常識〟が正しいと思っている人は少なくないかもしれない。

しかし、１９９０年代以降、世界の〝常識〟は大きく変わった。いまはマーガリンに強い逆風が吹いているのだ。

マーガリンとは不思議な食品。本来、常温では液体で存在する植物性油脂を材料とし、乳化剤などを加え、水素を添加して固形にしたものだ。市販の多くのスナック類に使われているショートニングも、同じような方法で製造される。

近年、厳しい視線にさらされているのは、マーガリンやショートニングに多く含まれる「トランス脂肪酸」という油の一種。血液中の悪玉コレステロールを増やし、善玉コレステロールを減らす働きがあり、心臓病のリスクを高めることがわかっている。

この危険性から、アメリカでは2018年6月以降、トランス脂肪酸の食品添加を禁止。この措置によって、年間2万件の心臓発作と、7000人の死亡を減らせる可能性がある、と発表している。

一方、日本では「摂取量が少ない」という理由から、禁止に向かう動きはない。確かに、日本人の平均摂取量は、世界保健機構（WHO）の定めた基準値「1日当たりの摂取エネルギー量の1％未満」よりも、男女ともにやや低い。でも、細かく見ると、オーバーしている世代もあるのだ。

男性の場合、WHOの基準以上なのは5・7％とまだ少ない。ところが、女性では4人に1人に当たる24・4％が基準値をオーバーしている。なかでも、都市部に暮らす30歳～49歳の世代の摂取量が多いのが目立つ。

それほど神経質になる必要はないのかもしれない。とはいっても、毎朝、パンにマーガリンをたっぷり塗って食べ、おやつにスナック類をつまむ……こうした習慣は、ちょっと考え直したほうがいいのではないか。

ウナギ

STOP

夏バテしたから、食べて元気を出す

胃腸が弱っているときに、脂肪の多いウナギはNG！

土用の丑《うし》の日に、ウナギを食べる人は多いだろう。体調を崩しやすい夏、栄養豊富なウナギを食べて精をつけよう、というのはうなずける話だ。ただし、これは夏バテに備えて行うこと。すでに夏バテになっているのなら、ウナギは食べてはいけない。

体がだるい、何だか食欲がない、胃がもたれる……。いわゆる夏バテの症状が現れたら、胃腸はかなり弱った状態になっている。こうしたとき、脂っこいウナギの蒲焼きを食べたら、胃が悲鳴を上げてしまう。

脂肪分の多い食品は、胃の中にとどまっている時間が長い。このため、胃に大きな負担がかかって、食欲は一層なくなり、夏バテはさらに進行する。胃腸が弱ったときは、脂っぽいものや刺激の強い香辛料はＮＧ。そうめんやうどんといった、消化の速い炭水化物を食べて、胃腸が回復するのを待とう。

やっても効果なし！ 悪化する！

健康のための
の残念な習慣

日常で起こりがちな
ちょっとした病気やトラブル。
間違った応急処置を施したら、
効果が期待できないうえに、
悪化させる恐れあり！

目薬

さしたあと、目をパチパチしてなじませる

パチパチさせると、涙点からのどへと逃げる

上を向き、目をぱっちり開けて、目薬を数滴落とす。そして、上を向いたままで、目をパチパチ。このお約束のルーティンこそ、「日本人の9割がやっている残念な習慣」の典型的な例だろう。

多くの人が目をパチパチさせるのは、さした目薬を目の表面全体に行き渡らせようとするからだろう。確かにこうすると、目薬はさしたところから動いて、目の表面を移動する。しかし、目にとどまることはない。

目尻には「涙点」という涙の排水口がある。移動した目薬は、涙と一緒に涙点に入り、のどのほうへ流れ出てしまうのだ。

目薬をさしたあとは、決して、目をパチパチさせてはいけない。まぶたを軽く閉じて、1分間ほどその状態を保つ。こうすれば、せっかくさした目薬が無駄に流れるこ

となく、目の表面全体に行き渡らせることができる。

目薬には、さすときの注意点もあるので知っておきたい。

一番のポイントは、容器の先を目に近づけ過ぎないで、目の2～3㎝上から、滴を落とすようにすること。容器がまつげやまぶたに触れると、細菌や目やに、花粉などで汚染されてしまう。さらに、涙が目薬を伝わって、容器の中に逆流してくることもあり、これも良くない。

目からすぐにこぼれるなど、うまくできない場合、下まぶたを軽く引いてからさすといい。これで、目の下の部分に目薬がたまりやすくなる。

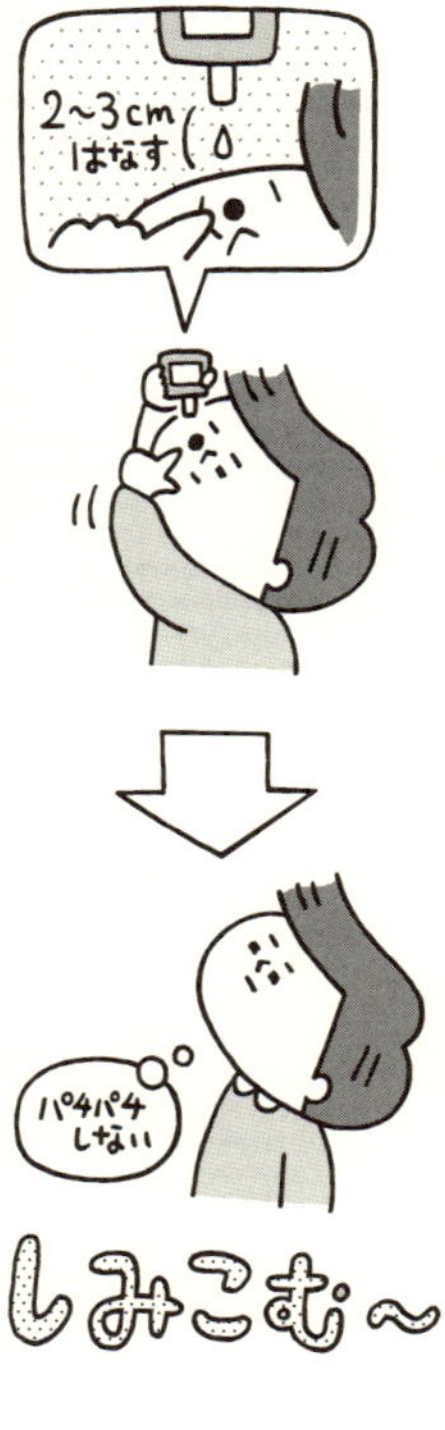

マスク

口を覆う部分を持って外す

ゴムを持って外さないと、ウイルスが手につく！

近年、インフルエンザやかぜなどの予防策として、冬場にはマスクを利用する人が多くなってきた。マスクが顔にきちんとフィットしていない、口はしっかり覆われているが、鼻が少し出ている……。以前は、こうした効果のない装着がよく見られたが、マスク普及率の上昇に伴って、だいぶ少なくなってきたようだ。

とはいえ、いくらマスクを正しく装着しても、間違った方法で外していれば台無しだ。あなたのやり方は大丈夫だろうか？

マスクを外すときは、耳のあたりのゴムをつかむようにするのが正解。インフルエンザやかぜの流行時、外を出歩いてから帰宅すると、マスクの表面にはウイルスがついている可能性がある。無造作につかんで外すと、わざわざウイルスを指にくっつけにいくようなものだ。

薬瓶

薬を出したあと、ビニールの詰め物を元に戻す

この詰め物は緩衝剤。瓶を開けたら捨てるべし

錠剤タイプの瓶のふたを開けると、中にビニール製の詰め物が入っている。薬を取り出すには、まずこれを引っ張り出さなければいけない。そのあと、詰め物を元のように詰め直して、瓶のふたを閉める。特に問題なさそうな行動だが……。

そもそも、この詰め物は、輸送時に錠剤が動いて破損しないように、薬を上から押さえることを目的に入れられているものだ。いったん消費者の元に届けば、もう必要はない。それどころか、詰め直すと、薬が劣化してしまう場合がある。

この詰め物は、緩衝効果をきっちり計算して、何重にも折りたたまれた状態で入っている。しかし、いったん取り出すと、くしゃくしゃになってしまう。うまく詰め直せず、ふたがしっかり閉まらなかった場合は、瓶の中に、薬の大敵の湿気が入りやすくなるのだ。いらないものを詰め直すなんて、余計な手間をかけるのはやめよう。

STOP

鼻にティッシュを詰めて止血する

出血箇所を傷つける恐れあり！ 鼻をつまんで止血を

鼻血が出たら、首の後ろをトントン叩けば止まる。この〝民間療法〟は、昔から広く知られているが、いまでは多くの人が信じていないだろう。

では、どういった応急処置が正解なのか。鼻の穴にティッシュペーパーを詰めて、しばらく安静にするのがベストだと思う人も多そうだ。しかし、このやり方も、じつは少々問題があることを知っておきたい。

多くの場合、鼻血は鼻の粘膜が傷つくことによって起こる。特に出血しやすいのは、穴の入り口から1㎝ほど奥の血管が集中している部分。穴の浅い部分なので、ティッシュを丸めて詰めたら、ここまで簡単に届く。止血の効果はあるだろう。

しかし、ティッシュの繊維はけっこう固いので、出血した場所をさらに傷つけてしまう恐れがある。加えて、取り出すときに繊維がちぎれて、鼻の中に残りやすいのも良くない。

鼻血が出たときは、何も詰めずに鼻をつまむのがベストの応急処置。鼻血が出た側だけではなく、左右からつまむと力が伝わりやすい。このとき、眉間やひたいを冷やすと、止血の効果はよりアップする。

止血しているときの姿勢も重要だ。あごを上げるほうが良いと思う人がいるかもしれない。だが、この姿勢を取ると、鼻血がのどのほうに流れるので、気持ちが悪くなってしまう。まったく逆で、うつむいて血が止まるのを待とう。

5分程度、鼻をつまんでいれば、もう鼻血は止まっているはずだ。

やけど

早く治るように、水ぶくれはつぶす

⋯つぶすと細菌に感染しやすく、跡も残りやすい！

やけどをしたとき、ぷっくりと水ぶくれができてしまうことがある。妙に気になるこの水ぶくれ。〝つぶす派〟と〝つぶさない派〟にはっきり分かれそうだが、あなたはどちらだろう。

何だか気持ち悪いから、早くつぶしたい。針の先を火で炙り、しっかり消毒してつぶすから大丈夫……。こうした勝手な自己判断を下したら、傷の悪化を招き、受診した皮膚科の医師に怒られることになりかねない。

やかんや鍋、バイクのマフラー、熱湯など、70℃以上のものになら、わずか1秒触れるだけでやけどになる。それほど熱くない45℃程度の場合も、1時間以上触れていると、低温やけどになってしまう。

やけどの症状の重さや、水ぶくれができるかできないかは、皮膚が「表皮」「真皮《しんぴ》」

の二層になっていることと関係している。

やけどが表側の表皮にとどまった場合は、熱いものに触れた部分が赤くなり、弱い痛みを感じることもある。これが最も軽いやけど「1度熱傷」。日焼けなどが含まれ、水ぶくれはできない。

これに対して、表皮の下の真皮にまで達したやけどが「2度熱傷」。損傷した部分の皮膚は白っぽくなり、相当な痛みを感じる。真皮には血管やリンパ管、汗腺などがあり、表皮よりもずっと複雑な構造なので、ダメージもより大きい。

やけどが真皮まで届くと、損傷を受けた部分から、血液中の血しょうなどが染み出してきて、やがて水ぶくれができる。この状態になった場合は、決して軽いやけどとはいえない。日本創傷外科学会では、水ぶくれができたら、形成外科を受診することをすすめている。

もちろん、水ぶくれを自分でつぶしてはいけない。細菌が感染しやすくなり、跡も残りやすくなってしまう。アクシデントでつぶれてしまった場合は、破れた皮がはがれないように気をつけよう。

やけど

よく冷えるように氷を当てる

凍傷の恐れあり！ 流水で短い時間冷やすべし

やけどになったときの応急処置は、100人中100人が知っているはず。とにかく、よく冷やすことだ。となると、氷を直接当てて冷やすのがベストのように思えてくる。さあ、実行していいものか――。

確かに、急激に冷やすことはできるものの、やけどの患部に氷や氷のう、保冷剤などを直接当てるのは禁物。冷やし過ぎて、今度は凍傷を起こす恐れがあるからだ。

冷やすのは水道の流水で十分。様子を見ながら、5分から長くても30分程度冷やすのがいいだろう。最近は、あまり時間をかけて冷やさないほうがいい、という意見のほうが強くなってきた。冷やしたら、やけど治療用の軟膏をつけて治療しよう。軽いやけどなら、1週間程度で治る。患部がひりひり、ずきずき傷む、または水ぶくれができた場合は早めに医療機関に行くようにしたい。

突き指

応急処置として、まず引っ張る

損傷がひどくなるので厳禁！ 整形外科の受診を

中高生時代、バスケットボールなどのスポーツ中、失敗して突き指をしたことのある人は多いだろう。そのとき、指を引っ張って治そうとしてはいなかったか？ 悪化しなかったのであれば幸いだ。これはやってはいけない応急処置だった。

突き指をして痛いのは、関節部分の組織を損傷しているから。その部分を引っ張って、無理な力を加えるのは、より損傷をひどくしているようなものだ。突き指はよくあるトラブルだが、靭帯損傷や脱臼、骨折をしていることもある。軽く考えないで、突き指した部分をアイシングして、早く整形外科を受診したほうがいい。

ところで、突き指は中高生が体育の時間や部活中になるもの、と思ってはいないだろうか。しかし、大人でも、暗い中で手探りでものを拾おうとしたときなど、うっかり突き指をしてしまうことがある。そのとき、対処法を間違わないようにしよう。

耳に水

ティッシュのこよりを差し込んで吸わせる

耳の穴が傷つくかも!? 自然に乾くので放っておく

海やプールで遊んでいると、耳に水が入ってしまうことがある。こうした場合は、頭を傾けて、トントントン……何度か跳ねたら、けっこう水は抜けるものだ。

とはいえ、その程度の対処法では取れないときもある。では、ティッシュペーパーをこよりのように丸め、耳に突っ込むという手はどうか。奥まで届いて、たまった水を吸い取れそうなので、実行したことのある人もいるだろう。

しかし、細く丸めたティッシュは、絶対に耳の中に入れてはいけない。耳の中の皮膚は、ほかの部分よりもだいぶ軟らかいため、ティッシュでこすったら傷つく恐れがある。皮膚を保護する分泌物もぬぐい取られるので、耳のためにはさらに良くない。

これはティッシュではなく、綿棒でも同じだ。綿棒を使って耳掃除をしてもいいのは、耳の入り口からわずかな部分だけ。この部分の皮膚は、奥のほうより少し厚くなっているので、綿棒の刺激に耐えられるのだ。水がたまるような耳の奥は、綿棒でも触ってはいけない。

では、耳の中の水をどうしたらいいのか。じつは、体温の熱によって、そのまま自然に乾くので、放っておいたらいい。耳の中に水があっても、健康に支障はない。

そうはいっても、耳に水が入ったままでは、やっぱり気持ちが悪い……。こう思うなら、熱くなったプールサイドや石の上に、水の入った耳を押しつけて、しばらくじっとしている手がある。こうすると、その熱が伝わって、体温で温めるよりも早く乾燥する。

それも気が長い話だし、何だかカッコ悪い。こういう人には、最後の手がある。耳の中に、もう一度水を入れるという荒業だ。

まず、水の入った耳が上になるように頭を傾ける。そして、手のひらにためた水を、耳の中にほんの少しだけ入れる。この水が奥まで入ると、たまっていた水と〝合体〟。より大きな水の塊となるので、水の入った耳を下にすると流れ出てくる。耳に入れるのは、殺菌された水道水だけ。海水やプールの水を入れるのはやめておこう。

耳に虫

出てくるように、耳の穴を懐中電灯で照らす

アリやゴキブリなら、逆に暗い奥へと向かう！

何だか、耳の中がイヤな感じ。小さなものが入っているようだけど、まさか、虫ではないか……。こんなゾッとするような感じがあっても、多くの場合は髪の毛などが入っているだけのようだ。

しかし、なかには実際に虫が入ってしまうこともある。もぞもぞ動いて気色悪いので、一刻も早く出したい。こうした場合、虫は明るいところに集まるからと、懐中電灯で照らす方法を思いつくかもしれない。だが、絶対に実行してはいけない。

耳の中に入ってくる虫は、アリ、ゴキブリ、ガなどが多いといわれる。懐中電灯で照らしたら、ガは出てくるかもしれない。けれども、ゴキブリやアリの場合、光を嫌って、逆に奥へと進んでしまう可能性が高い。応急処置として、耳に油を入れて窒息死を狙う方法もあるが、すぐに耳鼻科を受診するのがベストだろう。

髪もカラダもダメージ大！

入浴
の残念な習慣

STOP

1日の疲れを癒すバスタイム。
でも、この章で紹介する
残念な入浴をしたら、
髪やカラダにダメージが…。
今日からちゃんと改めよう。

シャンプー

髪の汚れを落とすため、毎日行う

皮脂には大事な役目あり！　洗い過ぎないよう注意

日本人は風呂が大好き。毎日入浴して、欠かさず髪を洗っている人は多いだろう。朝シャンの習慣がある場合は、洗髪回数がもっと増えることになる。しかし、本当のところ、髪は毎日洗ったほうがいいのだろうか？　また、シャンプーは必ず使ったほうが、よりキレイに洗えるのだろうか？

そもそも、髪を洗わなければいけない理由は何か。髪や頭皮の健康という面から考えると、じつは毎日洗う必要はなさそうだ。

頭皮などの皮膚には皮脂腺がある。皮脂と聞けば、何だか汚いもののようで、全部洗い流したくなるが、とても大切な役割を持っている。皮膚にいる常在菌のエサになるということだ。

皮脂を食べた常在菌は、脂肪酸という酸性の物質を作り出す。脂肪酸は一種のバリア。これが皮膚の表面にあるからこそ、病原菌やアレルゲンなどは体に侵入することができない。

頭の場合、皮脂は頭皮だけではなく、髪の毛にも広がっている。髪がツヤツヤしているのは、髪が守られている証拠だ。髪を洗い過ぎたら、この大事な皮脂が失われてしまうことになる。

髪を洗うおすすめの頻度は、その人の頭皮の状態で変わってくる、皮脂が少なく、乾燥しやすい人は2~3日に1回で十分。ただし、皮脂が多くて、髪がベタつき気味なら、毎日洗うほうがいいだろう。

シャンプーについては毎回、使う必要はない。石けんで皮膚を洗うと、常在菌の90%が洗い流されるというデータがある。頭皮や髪でも同様だろう。使う場合は、洗浄力の弱いものを少量にし、何度もよく洗い流すのがおすすめだ。

湯だけで洗っても、水溶性の汚れは十分取れるし、皮脂も適度に落とすことが可能だ。シャンプーは毎日するのが清潔、という〝常識〟は、そろそろ捨ててもいいかもしれない。

入浴剤

プチプチ感が気持ちいいので、発泡中に浸かる

錠剤が浮かび上がると、ガスを吸って咳き込むことも…

家で手軽に温泉気分が楽しめ、湯上がりにはポカポカするような気がする入浴剤。炭酸ガスが発泡して、湯に溶け込むタイプのものも人気だ。

泡がプチプチ弾けて、体にチクチク当たるのが気持ちいい……こんなふうに思っている人も多そうだ。だが、これはとんでもない思い違い。今度買ったとき、注意書きを改めてよく見たほうがいい。

発泡タイプの入浴剤は、発泡しているときに入浴してはいけない。溶け切る前に、錠剤が顔の近くに浮かび上がってきた場合など、発生した炭酸ガスを吸ってしまって、咳き込むことがある。

溶ける途中よりも、溶け切ってからのほうが、当然、温浴効果も高くなる。泡が弾ける真っ最中に入るのが好きな人も、メーカーの設定通りに入るようにしよう。

入浴剤

入浴剤入りの湯で髪を洗う

それでは、角質や皮脂が髪や頭皮に付着する！

入浴剤を入れた風呂に入るとき、その湯で髪をすすぐかどうか、迷ったことはないだろうか。温浴効果のある成分が溶け込んでいても、その湯に浸かることができるのだから、髪にかけても問題はないような気もするが……。

これまで、髪を洗うときも、入浴剤入りの湯を使っていた人は、次からその習慣を改めよう。理由はふたつある。まず、成分として重曹が含まれている場合、その作用によって肌からはがれた角質や皮脂が、湯の中に混じっているからだ。こうした湯で髪をすすぐと、汚れが髪や頭皮に付着してしまう。

また、ミネラル分が多く含まれている場合、カルシウムやマグネシウムがシャンプーの成分に影響を与えて、泡立ちにくくなる。「残り湯は洗濯に使えません」とパッケージにあるのがこのタイプ。洗濯だけではなく、シャンプーで使うのもNGだ。

リンス

シャンプーと同じようにつける

頭皮にはつけないで、髪の毛だけに練り込む

シャンプーは汚れや皮脂を落とし、リンスは髪の表面を滑らかにする。目的がまったく違うのだから、当然、つけ方や使い方は同じではない。

しかし、特に男性の場合、何も考えずに、シャンプーとリンスを同様に扱いがちではないだろうか。

まず、シャンプーの場合、髪よりも頭皮をキレイにするために使うものだ。だから、頭皮につけて、指先の軟らかい部分でマッサージをする。これに対して、リンスをつけたいのは、あくまでも髪の毛だけ。髪を柔らかくするための油分が含まれているため、頭皮にはできるだけつけないようにしたい。

では、リンスの正しい使い方を見てみよう。まず、リンスを手に取って薄くのばす。このとき、頭皮につかないように、手にたっぷり取り過ぎないように注意しよう。

そして、髪の毛をある程度の束にして持ち、両方の手のひらではさみ、リンスを練り込むようにつけていく。ということは、髪の短い男性の場合、リンスをつけることはできないはず。風呂場に置かれているから、何となく使っていた……という人は考え直したほうがいいだろう。

すすぎ方については、つけてから間をおく必要はない。すぐに、しっかり洗い流すようにするのが正解だ。間をおくのは、髪の毛の内部まで成分を浸透させるコンディショナーを使うとき。リンスの場合、頭皮に影響が出ないうちに、早く洗い流すようにしたい。

リンス

薄毛が気になるので、念入りにリンスする

油分が頭皮に悪影響を与え、より後退する恐れが！

ある年代から、男性の大きな関心事のひとつになる薄毛。気になってくると、髪を一層念入りにケアしたくなることだろう。

日々のシャンプーを心がけて皮脂をなくし、もちろんリンスも欠かさないようにして、いまあるキレイな髪をキープしたい。こう思って実行したら、残念ながら、その薄毛は一層進行するかもしれない。

薄毛の人にとって、そうではない人以上に悪影響があるのが、リンスに含まれている油分。リンスが髪の毛だけではなく、頭皮にもついてしまったら、油分が毛穴をふさいでしまう恐れがある。

シャンプーを使って、頭皮の皮脂をせっかく洗い流しても、これでは台無し。薄毛が気になる人は、リンスは避けたほうが良さそうだ。

ブラッシング

わざわざ入浴前にする習慣はない

ブラッシングをしないで髪を洗うと、髪が傷む

髪の健康やみだしなみのためには、ブラッシングが大事。外出前や風呂上がりには欠かせないが、髪を洗う前にしている人は少ないのではないだろうか。しかし、このひと手間があるとないとでは大違いだ。

ブラッシングすると、絡まっていた髪がほどけて、洗いやすくなるというメリットがある。これに対して、ブラッシングしないで洗うと、髪が絡まった部分にはシャンプーが行き渡らない。このため、洗うときに、その部分にかかる摩擦が大きくなって、髪を傷めてしまう恐れがあるのだ。

髪についている皮脂やフケ、ホコリなどを先に取ることができるのもメリット。ブラッシングの必要がないほど、髪の毛が短い男性の場合は、ブラシの先で頭皮を軽くマッサージしよう。こうすると、髪を洗うとき、皮脂がより落ちやすくなる。

サウナ

体が濡れたままでサウナ室に入る

汗を効率良くかけなくなり、健康効果が下がる！

短い時間で大量に汗をかき、体全体の新陳代謝を促すサウナ。あの熱いサウナ室に入っていると、確かに、体が活性化されるような気がする。しかし、間違った入り方をした場合、健康に対する効果が薄れるどころか、かえって悪影響を与えかねない。

多くのサウナ利用者がカン違いしているのは、湯船からあがったまま、またはシャワーを浴びたままの濡れた体で入っていることだ。体についた水分は、蒸発する際に体温を奪う。このため、汗を効率良くかけなくなってしまうのだ。

また、水分が蒸発することにより、体の周りの湿度が高くなる。この状態で、暑い中、我慢比べのように頑張ると、息苦しくなって、体に対する負担が大。濡れた体を拭いて入ってこそ、サウナの健康効果は得られる。ただし、スチームサウナやミストサウナなどは、もちろん濡れたままで入ってかまわない。

こんなの無駄！ キレイにならない！

掃除の残念な習慣

STOP

掃除はけっこう、
自己流でこなすもの。
やり方を誤っている場合、
いくら掃除機をかけても、
キレイにするのは至難のワザ。

掃除機

黄色い印を超えないようにコードを出す

じつは、その印は「ここまで出して」というメッセージ

掃除機のコードを伸ばしていくと、黄色と赤色のテープを巻きつけた印が出てくる。これはいったい何を示しているのだろうか？　赤色の印は、コードの端のすぐ近く。何となく直感的にわかるように、「これ以上引っ張らないで」という意味だ。

では、赤色の手前にある黄色の印は何だろう。「もうすぐコードの端です」といったメッセージだと思う人もいるだろうが、メーカーが伝えたいことはまったく違う。「この位置までコードを引き出してください」という意味だ。

ここまで引き出す理由のひとつは、モーターの発熱によって、収納しているコードが傷まないようにするため。ふたつ目は、引き出した部分が短い場合、移動するうちにコードが引っ張られて、断線する恐れがあるためだ。長く引っ張り出すのは面倒臭いと、短めに出すのが習慣になっている人は、次から十分注意しよう。

掃除機

前に押しながら、勢いよくかける

よく吸うのは引くとき。押すのに重点を置いても無駄…

掃除機をかけるのは簡単な作業で、誰にでもできるだろう。しかし、効率良く吸い込めるかけ方をするのは意外に難しい。

例えば、かけ方の一番の基本である、押して引くという単純な動作。たったこれだけのことでも、上手にできていない人は少なくないはずだ。

間違いやすいのはリズム。掃除機は押すときよりも、引くときのほうが吸引力は強い。このため、押して引く動作を「ワン、ツー、ワン、ツー」といった具合に、同じリズムで行うと、ゴミやホコリをうまく吸い取れない。

押すときに2秒かけて、同じ距離を倍の4秒かけて引くくらいがちょうどいい。「ワン、ツ――、ワン、ツ――」というような感じだ。素早くかけるのはNG。力を入れないで、ゆっくり動かすことを心がけよう。

STOP

朝のうちにすべての部屋に掃除機をかける

和室だけは夜に掃除して、ダニ退治を！

一般的に、掃除機をかけるのは、午前中が多いのではないか。けれども、できれば和室だけは、陽が沈んでからかけるようにしたい。日中、普通に掃除をしても、重要なターゲットをうまく吸い取れないからだ。

和室と洋室で、最も大きく違うところは床。和室の畳には、フローリングにはいないダニが潜んでいる。なかでも、新しい畳には湿気が多く含まれているので、注意が必要だ。新築後や畳を入れ替えた場合、その後3年ほどの間、ダニにとって格別住みやすい環境がキープされる。

ダニが畳の表面にいれば、掃除機で吸い取ることができる。しかし、厄介なことに、ダニは夜行性。昼間は畳の中に潜っているため、明るい時間帯に掃除機をかけても、なかなかうまく捕獲できない。

一方、陽が沈んで暗くなると、ダニは活動的になって、畳の表面に姿を現す。こうなると、掃除機で簡単に退治することができる。だから、和室で掃除機をかけるのに、ベストの時間帯は夜なのだ。

とはいっても、夜になって掃除機がけをすると、音が響いて周囲の迷惑になる可能性もある。特に集合住宅に住んでいると、隣や階下に気をつかって、ちゅうちょするかもしれない。

こうした場合、昼間のうちに、夜に似た状況を作り出す手がある。日中に窓のシャッターや雨戸を閉めて、室内を真っ暗にする。あるいは、夕方になったら、厚手のカーテンを閉めて暗くするのだ。

暗くなって1時間も過ぎれば、ダニは夜になったとカン違いし、エサを求めて畳の上に出てくる。そこを掃除機がけして、サッと吸い取るわけだ。

ダニは和室の畳だけではなく、洋室に敷いたカーペットの中にも潜んでいる。同じように、疑似的に夜の状況を作り出し、掃除機がけをすることによって、取り除くようにしよう。

STOP

窓を開け、空気がよく入るようにして換気する

窓もドアも閉めて、換気するのが正解

入浴後、浴室内には湿気が充満している。カビの発生を防ぐため、当然、換気をするだろう。窓があるタイプの浴室の場合、外から空気がたくさん入ってくるようにと、窓を全開にして換気をしたくなる。しかし、これは間違ったやり方だ。湿った空気を追い出しにくく、カビの大好きな環境が長く保たれることになる。

窓を大きく開けて換気すると、じつは換気の効率は良くない。確かに、窓の周辺については、十分、空気の入れ替えができるだろう。けれども、カビが生えやすい床や壁近くの湿気は追い出されにくいのだ。

また、梅雨などの湿度の高い季節の場合、さらに別の問題点がある。いくら換気扇を回しても、外からどんどん入ってくるのは、相当に湿った空気。これでは空気をすべて入れ替えても、浴室内は湿度の高い状態で安定してしまう。

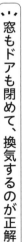

窓を開けて行う換気には、もうひとつデメリットがある。夜の外気が、屋内の空気よりも冷えていることだ。窓から冷たい空気が入ってくると、浴室内の温まっていた空気の温度が下がる。その結果、湿度が上がってしまうのだ。

では、どうしたらいいのか。換気の効率を考えたら、最もいいのは窓もドアも閉めておくことだ。しかし、それでは密室状態で、浴室の中に空気が入ってこない……こう思うかもしれないが、心配はいらない。

多くの場合、浴室のドアの下側には、小さな換気口がついている。ここから、屋内の乾いた空気が入ってきて、空気を循環させてくれる。しかも、ドアの下から入ってきた空気は、床やドアの内側、壁を通って天井まで昇り、換気扇に吸い込まれていく。換気の効率は抜群にいいのだ。

注意したいのは、この換気口にはカビが生えやすいことだ。この場合、換気によって、カビの胞子が浴室内に拡散することになる。見落としやすい部分なので、掃除の際には必ずチェックしよう。

なお、ドアに換気口がない場合は、ドアを10㎝程度開けてから換気しよう。

雑巾

もちろん、「横」に持ってしぼる

「縦」に持ったほうが、ずっと水をしぼれる

拭き掃除をする際に必要な動作が、雑巾しぼり。濡れた雑巾を両手でつかみ、しぼって水をきる。誰でもできる簡単な動作なのに。じつは6割の人のやり方が間違っているという。では、どういったしぼり方が正しいのか。

大きく分けて、雑巾には3つのしぼり方がある。ひとつは「握りしぼり」といわれるものだ。雑巾を丸めて、おにぎりを握るような感じで、ギュッと握ってしぼる。子どもに多く見られ、親や学校の先生に「そうじゃないよ」と即座に注意されるやり方だ。もちろん、このしぼり方では、ちゃんと水をしぼり出すことはできない。

もうひとつは「横しぼり」。雑巾を体の前で「横」にして持ち、両手でねじりながらしぼる。大半の人が行っているのはこの横しぼりだが、正しいしぼり方ではない。

その理由は、左右ともに手の甲を上にしてつかむ「順手」になっているからだ。順手

でしぼると、手首があまり回転しないので、強い力でねじることができない。

最も有効なのは「縦しぼり」。ちょうど、剣道の竹刀を持つような感じで、雑巾を「縦」の形にして持つやり方だ。右利きの場合、右手を向こう側、左手を手前にして持つ。このとき、右手は手の甲が下の「逆手」で、左手が「順手」になっているはず。手首の回転範囲がより大きくなるので、水を最もしぼることができるわけだ。

縦しぼりは、剣道の「突き」のように、雑巾を向こう側に押すようにしてしぼるのがコツ。こうすると力が入りやすく、より効率的に水をしぼり落とすことができる。

便器

汚れが落ちるまで、ブラシでゴシゴシこする

傷がついたら、逆に汚れがたまりやすくなる

どうしても汚れやすいのがトイレ。ふと気づいたら、便器にイヤな黄ばみや黒ずみができていることも……。キレイにしなければと、ブラシでこすっても、なかなか汚れが落ちないことがある。

こうした場合、力を込めてゴシゴシこするのは逆効果。便器に傷がついてしまうと、そこに新たな汚れがたまりやすくなる。特に、毛の固いブラシでこすると傷つきやすいので、軟らかいブラシやスポンジで洗うようにしたい。毛の固いブラシは、便器の縁の裏側など、頑固な汚れがこびりつきやすい部分に使うのがいいだろう。

落ちにくい黄ばみなどは、力を入れて物理的に落とすのではなく、酸性洗剤で化学的に分解するほうが有効だ。酢やクエン酸を使っても落ちるので、酸性洗剤がない場合は試してみよう。

汚れが落ちない！ 乾きが悪い！

洗濯の残念な習慣

洗濯機への衣類の入れ方から、
洗剤や柔軟剤の使い方、
干し方、アイロンのかけ方まで、
よくある洗濯のダメ習慣を
14項目ピックアップ。

柔軟剤

ふんわりさせたいから、多めに使う

タオルが水を、Tシャツが汗を吸わなくなる

衣類がふんわりし、良い香りもつくということで、柔軟剤の人気が高い。もっとふかふかにしたい、香りを強くしたいと思ってか、4人に1人が目安の2倍以上の量を使っているという調査もある。

柔軟剤を多めに入れると、確かに香りは強くなるかもしれないが、よりふかふかに仕上がるわけではない。ほかにデメリットもあるので、やめたほうがいい。

柔軟剤が手触りを良くするのは、界面活性剤の成分が衣類の表面をコーティングし、それが潤滑油のような役目をするからだ。柔軟剤が過剰になると、この働きが強くなって、水を弾くようになる。このため、仕上がった衣類の吸水性が悪くなってしまう。Tシャツなら汗を吸いにくく、タオルなら水を吸収しにくくなるわけだ。有効に使うには、やはり適量を守るのが肝心だ。

洗剤

汚れた衣服は、多めに使って洗う

効果は変わらないうえに、臭いや変色の原因に…

泥跳ねがついたり、ソースをこぼしたり……。ひどい汚れの衣類を洗濯する場合、洗剤は多めに加えたほうが、汚れが落ちやすいと思うかもしれない。

しかし、洗浄の効果という点では、まったく意味がない。洗剤は多ければ多いほど、洗浄力が上がるわけではないからだ。適量以上の洗剤を加えても、界面活性剤が水の中で余ってしまうだけ。多過ぎると、洗剤が水にしっかり溶け込むことができず、固まったままでいることもある。

しかも、濃度が上がることから、泡ぎれが悪くなり、すすぎが十分にできにくくなってしまう。この結果、すすいでも、衣類から洗剤を取り去ることができず、臭いや変色の原因になることさえある。洗濯はごく日常的な家事だが、いくら慣れていても、洗剤を目分量で加えるのは禁物。必ずちゃんと分量を量るようにしたい。

STOP

洗濯機がよく回るから、少なめで洗う

もみ洗いや叩き洗いが弱くなり、汚れが落ちにくい

雨の日が続いて、やっと晴れた日など、洗濯機の中をいっぱいにして洗うことはないだろうか。大方の人が考えるように、やはり、この洗い方はNG。水流が悪くなるので、汚れをきちんと落とすことができず、モーターの負担も大きい。

一方、洗濯物を少なめにすると、洗濯機はブンブン回る。すごく汚れが落ちそうな気がするが、じつはこの洗い方も効率の点からは良くない。

縦型洗濯機は衣類同士が揉み合って、ドラム式洗濯機は上から下に叩きつけられて汚れが落ちる。洗濯物が少ないと、縦型ではもみ洗いがうまくできず、ドラム式は叩き洗いにかかる負荷が小さくなる。いずれの場合も、汚れが落ちにくくなるのだ。

洗濯機の「適量」は機種ごとに重量で示されているが、いちいち量るのは現実的ではない。ざっくり、洗濯機の七分目くらいがちょうどいいと覚えておこう。

STOP

洗濯機に入れる順番は気にしていない

重いものは下、軽いものは上でないと効率が悪い

洗濯機に衣類をどういった順番で入れたらいいのか。こんなことを気にしている人は、少数派かもしれない。洗濯かごにたまったものをドサッと入れたり、脱いだものから順番に、洗濯機にポイッと放り込んだりしているのではないだろうか。しかし、そういったおおらかな習慣は、ちょっと残念な結果を招いてしまう。

洗濯機をスムーズに回すには、衣類を正しい順番で入れなければいけない。一番下に入れるのは、ジーンズなどの大きくてかさばるもの。その上には、あまり重くないシャツなどを入れる。そして、靴下や下着といった軽いものや、ネットに入れたデリケートな衣類を一番上にするのが原則だ。

このように、下から上に向けて「軽い←重い」の順番で入れると、洗濯機が無理なく回る。汚れは落ちやすく、電気代も節約できるので、ぜひ取り入れよう。

レインウェア

汚れたら、洗濯機で普通に洗う

すすぎのとき、洗濯機がガタガタ暴れ出す！

雨は意外なほど、ホコリを含んでいるものだ。このため、サイクル用のレインウェアを繰り返し使っていると、次第に汚れていき、やがて洗濯が必要になる。しかし、こうした透水性のないものを洗う場合は、十分注意しなければならない。何も考えず、洗濯機に入れて普通に回すと、とんでもないことになってしまう。

危険な事態が起こるのは、脱水のときだ。洗濯機の脱水は、高速で回転することにより、遠心力で水分を飛ばす仕組みになっている。ところが、レインウェアが回されて、洗濯槽の内側に貼りつくと、水を逃す穴がふさがってしまう。

脱水槽に水が残っている状態で、高速回転することになり、洗濯機はバランスを大きく崩す。ガタガタと大きく揺れて暴れ出し、ひどい場合は倒れることさえある。レインウェアのほかにも、面積の大きいおねしょシーツやウインドブレーカーなど、透水性のない衣類では起こる恐れがある。

透水性があるかどうか、洗濯表示を必ずチェックするようにしよう。簡単な見分け方として、その衣類に口を当てて、ハ～と息を吹きかける方法もある。衣類の向こう側に手を当てて、息や熱をまったく感じないようなら、透水性がないことを疑おう。

こうした衣類は手洗いが基本だが、洗濯機が洗濯方法を設定できる場合、脱水前に運転をいったんストップする手がある。透水性のない衣類だけを取り出し、運転を再開させるという方法だ。洗濯機から出したら、バスタオルなどを使って、水気を十分切ってから干すようにしよう。

靴下

ちゃんと脱いでから洗濯機に

汚れや臭いをよく落とすため、裏返しにすべし

子どものころ、靴下を裏返しに脱いで洗濯機に入れ、「ちゃんと脱いでから入れなさい！」と母親に叱られたことはないだろうか。

確かに、靴下を裏返しに脱ぐというのは、かなりだらしない行動だ。しつけという点では、文句なく正しいだろう。しかし、洗濯時のメリットという面では違う。靴下は裏返しにして洗ったほうが、得るものがずっと大きいのだ。

靴下を裏返しにする理由のひとつは、足と接している裏側のほうが、汗や皮脂で汚れているから。普通にきちんと脱ぐと、汚れたほうが袋状の内側になるので、汚れや臭いが落ちにくくなる。

加えて、裏返して洗うと、ほかの衣類と擦れ合うのは靴下の裏側。目に触れる表側が傷みにくいので、長持ちする。これはプリントTシャツなどでも同じだ。

靴下

早く乾くように、つま先を上に向けて干す

つま先を下に向けないと、ゴム部分が早く劣化する！

洗濯した靴下は、どのように干せばいいのだろうか。選択肢はふたつ。つま先を上にするか、下にするかだ。

早く乾かしたい場合は、つま先を上にする干し方に軍配が下る。こうしたほうが、乾きにくいつま先部分から水分が蒸発しやすい。しかし、このやり方では、靴下はあまり長持ちしないことを覚えておこう。

十分すすいだあとも、洗濯ものには洗剤の成分が残っている。つま先を上にして干すと、これが水分と一緒に下がり、履き口のゴム部分の濃度が高くなる。この影響で、何度も洗濯して干すうちに、ゴムが早く劣化してしまうのだ。

つまり、長持ちさせたいなら、つま先を下に向けて干すのが正解だ。ほかにも、ゴムを使っているパンツなどの衣類は、靴下と同じようにゴム部分を上にして干そう。

タオル

特に何もしないで、そのまま干す

バッサバッサ振ってから干すとふわふわに

うちのタオルやバスタオル、買ったときはふわふわ感があったのに、いまでは全然なくなった……こういった場合、繊維が劣化したのではなく、残念な干し方をしているだけかもしれない。

手触り、肌触りをもっと良くしたいのなら、干す前にひと手間かけるのがポイントだ。タオルやバスタオルを両手で持って、バッサバッサと20回ほど大きく振ってみよう。こうすると、繊維を伸ばすことができるので、乾いたときにふわふわ感がよみがえる。

バスタオルを何度も振るのは、けっこう大変だ。しかし、一度仕上がりの違いを実感したら、もうこのひと手間をかけずにはいられなくなる。ぜひ、試してみることをおすすめする。

針金ハンガー

STOP

そのままの形で、シャツをかけて干す

「くの字」に曲げて干すと、乾く時間を大幅短縮

１００円ショップで購入できる針金ハンガーは、安価で使い勝手のいい便利グッズだ。収納だけではなく、洗濯物を干すときにも使っている人は多いだろう。

ただし、普通のハンガーに比べると、針金ハンガーは細いという弱点がある。このため、シャツなどを干す場合、どうしても、前身ごろと後ろ身ごろがくっついてしまう。だから、乾くのがちょっと遅い……。こう思っている人は、針金ハンガーを上手に使っていない。

針金ハンガーの「細い」という弱みは、発想を変えれば、「曲げやすい」という強みに変わる。曲げ方は簡単。針金ハンガーの両端近くを持って、手前にぐっと、「くの字」型に折り曲げるだけだ。このようにしてシャツを干せば、衿元から胸元にかけて大きく開き、風が通るので、ずっと早く乾かすことができる。

パーカー

襟側を上にして、普通に干す

逆さにして干すと、乾く時間を大幅短縮

パーカーのようなフードのついた服は乾きにくい、と思ってはいないだろうか。確かに、首の後ろにフードが垂れ下がり、背中の部分と重なってしまって、そこだけがなかなか乾かない。

しかし、乾きにくいのは、襟のほうを上にして干しているからだ。逆さまにして干す。たったこれだけで、風の当たらない重なり部分はなくなり、ほかの洗濯物と同じ早さで乾かすことができる。

長袖のシャツも、普通に干すと袖がサイド部分と重なって、特に脇の部分が乾きにくい。パーカーと同じように、逆さまにして干せば、乾くのがずっと早くなる。

さらに早く乾かしたいのなら、裏返しにして干すのがいい。乾きにくい裏の縫い目部分に日光が当たり、一層早く乾くようになる。

STOP

ホコリ除けに、ビニールカバーのまま収納

通気性が悪いので、はずさないとカビを招く

衣類をクリーニングに出すと、ビニールカバーがかかった状態で返ってくる。これを保管用のホコリ除けだと思って、そのままでクローゼットに入れてはいないだろうか。もし、そうしているのなら、次から絶対に改めよう。

じつは、このビニールカバーには、深い意味はない。「確かにクリーニングしました」という挨拶程度のものだ。ホコリを防ぐというメリットはあるかもしれないが、そのままにしておくと、デメリットのほうがはるかに大きい。ビニールは通気性が最悪なので、保管用としてはまったく使えないのだ。カバー内部の空気が循環しないため、湿気や熱がこもりやすく、カビが繁殖しやすい環境になってしまう。

クリーニングから衣類が帰ってきたら、すぐにカバーは外すこと。まだ乾燥し切っていない場合を考え、いったん陰干しにして、十分乾いてからしまうようにしよう。

洗濯機

いつでも、ちゃんとふたを閉めておく

開けておかないと、カビが大繁殖するかも

使っていないとき、洗濯機のふたはどうしておくか。この日頃の習慣については、「閉めておく派」と「開けておく派」に完全に分かれるようだ。

「閉めておく派」がそうする大きな理由は、何だかだらしない気がするということ。客があった場合、そんなところを見られたら恥ずかしい……とも思うようだ。こうした気持ちとは別に、家に小さな子どもがいて、転落事故を防ぐために閉めている、という人も少なくないだろう。

これに対して、「開けておく派」の理由ははっきりしている。ふたを閉めておくと、カビが生えそうでイヤ、ということだ。

どちらが正しいかといえば、「開けておく派」。もちろん、家族に幼児がいる場合は、対応策が必要だ。上まで登れないように、踏み台になりそうなものは、近くには絶対

に置いてはいけない。

洗濯機の大敵は、やはりカビ。湿度が60％以上あれば、カビは活発に繁殖する。洗濯機は構造上、湿気のある空気がこもりやすく、ふたを閉めておくと、なおさら湿度は高くなる。カビが繁殖しやすい環境にならないように、普段から、洗濯機のふたは開けておくようにしよう。

ただし、ふたを開けていても、洗濯機の中に脱いだ衣類を入れておいたら台無しだ。衣類についた皮脂や汗をエサに細菌が繁殖し、洗濯槽全体からイヤな臭いがするようになる。洗濯槽は空の状態で、ふたを開けておくのが鉄則だ。

洗濯機に乾燥機能がついている場合、1週間に1回、梅雨時なら週2回程度、洗濯槽を乾燥させよう。洗濯するたびに乾燥機能を使っているなら、その必要はない。

洗濯機のカビを落とす効果があるという洗剤も販売されている。ただし、1回使ったくらいでは、カビはすべて落ちないので注意が必要だ。次に洗濯するとき、落ちかかったカビがはがれて、衣類につく恐れがある。5回ほど続けて使い、カビを完全に落としてから、洗濯するのがいいだろう。

アイロン

先のほうに重心をかける

後ろに重心をかけないと、シワがよる

シャツやズボンをパリッとさせるため、欠かせないのがアイロンがけ。キレイに仕上がったら気持ちがいいが、カッコ悪いシワができたり、生地がよれたりすることもある。こうした失敗をするのは、やってはいけないかけ方をしているからだ。

やりがちな失敗のひとつは、力を入れ過ぎること。特に、アイロンがけに慣れていない場合、シワをきちんと伸ばそうとして、ついアイロンを持つ手に力が入ってしまう。これでは生地が強く押され過ぎて、逆にシワができやすくなる。軽く持って、アイロン自体の重みを活かして、滑らせるようにかけるのがポイントだ。

アイロンの先のほうに重心をかけるのも良くない。尖っている狭い部分に力が入り過ぎると、生地が集まりやすくなってシワになってしまう。アイロンは後ろ側に重心をかけて動かすのが肝心だ。

コツがつかみにくかったら、ほんの少し後退させてみよう。こうすると、自然に後ろに重心がかかる。この感じをキープしながら、アイロンを前に動かすといい。

アイロンを斜め方向に動かすのも、シワになる元だ。アイロンがけは生地の糸に沿って、まっすぐ動かすのが基本。ジグザグした変則的なかけ方をすると、生地が変に伸びることもある。

かけたあと、衣類をどう扱うのかも大事。直後は衣類に水分が残っているので、すぐにたたむとシワができやすい。ハンガーにしばらくかけておいて、水分を飛ばしてから、たたむようにしよう。

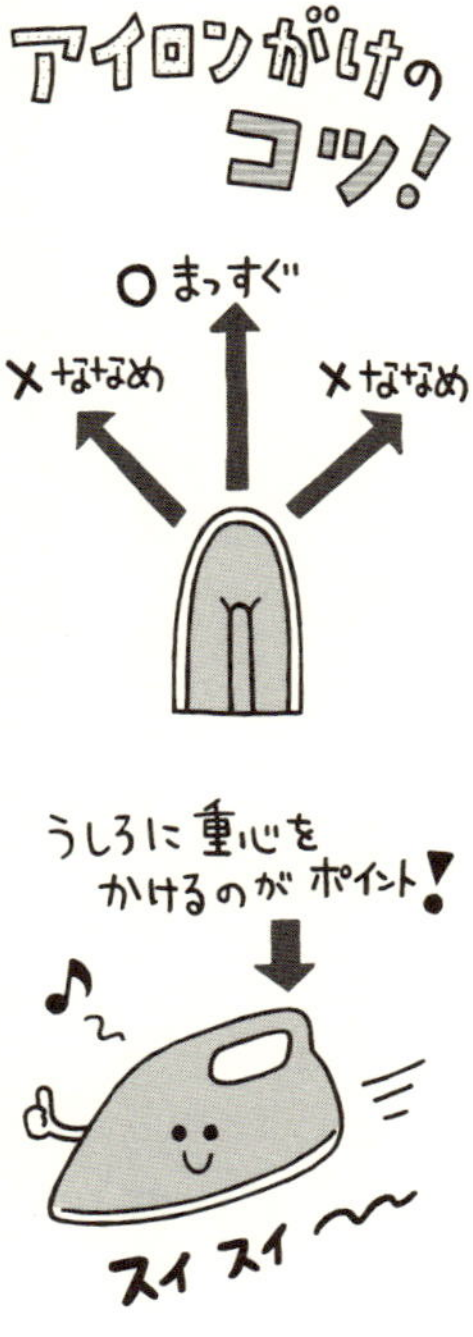
アイロンがけのコツ！
○まっすぐ
×ななめ
×ななめ
うしろに重心をかけるのがポイント！
スイスイ〜〜

水着

砂がついたら、洗う前に全部取る

逆に繊維の中に入り込んでいくので禁物！

海水浴のあと、水着を洗おうとしたら。砂がついていることがある。こうした場合、まず砂を取らなければと、こすり洗いをする人がいる。丁寧なやり方のように思えるかもしれないが、砂が落ちにくくなるのでやってはいけない。

水着の生地は柔らかい。こすり洗いをすると、生地が伸びることによって、すき間ができる。そこに砂が入り込んだら、なおさら取りにくくなってしまうのだ。

砂を取るには、まず流水でさっと洗って、目立つ砂を洗い流す。このとき、細かい砂はついたままでかまわない。ざっくりと砂を取ったら、洗剤入りの水をためた洗面器の中で、優しく振り洗いをする。その後、すすいだら、しっかり陰干し。水着に食い込んでいる砂も乾いたら、その部分の生地を伸ばしつつ、裏側から指で押すとポロポロ落ちていく。水着についた砂は、無理に取ろうとしないのがコツだ。

それでは傷む！ 長持ちしない！

モノの手入れ
の残念な習慣

日々の残念な習慣が、
身近にある多くのモノを
どんどんダメにしている。
カン違いの行動がないか、
チェックしてみよう。

スポンジの軟らかい側で洗う

軟らかい側は泡立て用。固い面で洗うべし！

食器洗い用のスポンジは、固い側と軟らかい側の二層構造になっていることが多い。普段、食器を洗うとき、このふたつをどう使い分けているだろうか。ほとんどの人は、固いほうは食器に傷がつきそうだからと、軟らかい側で洗っているのではないか。しかし、これは大きなカン違い。軟らかい側でこすっても、汚れはなかなか落ちない。

食器を洗うべき側は、不織布でできている固いほうのスポンジ。繊維の目が粗く、すき間があるため、汚れが引っかかりやすくなっている。一方、軟らかいほうはポリウレタン製。目が細かい構造なので、こすっても汚れは落ちにくい。では、何のためにあるかといえば、洗剤を泡立ちやすくするという意外な役割を持っている。

ただ、固い側に研磨剤を加えたスポンジもあるので注意が必要だ。このタイプは鍋や茶渋洗いに適している。表示を見ればすぐにわかるので、チェックしてから買おう。

布団

STOP

ふかふかになるように、カバーを外して干す

側生地は太陽光に弱いので、劣化してしまう

布団を普段、どのように干しているだろうか。太陽光線をよく浴びるように、カバーやシートを外しているのか、あるいは、そのままで干しているのか。正しいのは後者のやり方。前者は一見、布団を丁寧に扱っているように思えるが、残念ながら、布団がダメージを受けてしまう。

カバーやシートをつけたまま干すのは、布団を包んでいる側生地の素材、綿やポリエステルと関係している。これらは紫外線に弱いので、長時間、太陽光に当たると劣化する恐れがあるのだ。

また、布団がむき出しになっていると、大気中の汚れがついてしまう。春の花粉や黄砂のほか、いまはPM2・5なども大気中を浮遊している。布団を取り込んだら、カバーやシーツを外し、洗濯機で洗って、ふかふかの布団にかけるようにしよう。

網戸

窓のどちら側に置くか、全然気にしていない

構造上、右側にしておかないと、蚊が入ってくる

温かくなってきたら、窓を開けて、外の空気を取り入れたくなる。網戸があるから虫は入って来ないだろう……そう思っていたら、蚊が入ってきた！　こうした場合は、窓の開け方を間違っていたのに違いない。

虫をシャットアウトできるか、それとも自由に出入りされるのかは、網戸を左右のどちらに配置するかで決まる。

網戸をしっかり働かせるには、窓の構造を理解しておく必要がある。基本的に、日本の窓は左右の2枚で1組。室内から見て右の窓が手前側、左の窓が奥側に配置されており、左右にスライドして開けるようになっている。

では、網戸を右の窓の向こう側に配置したらどうなるか。当然、開ける窓は網戸でカバーされている右側になる。窓の開け方には大きく分けて、全開にするか、全開ま

でいかず、途中で止めておくかのふたつがある。網戸が右の窓側にある場合、窓を全開にしても、半分ほど開けるだけにしても、蚊は室内に入って来ることはできない。これは、窓と網戸の間にすき間がまったくないからだ。

では、網戸が左の窓側にあったらどうなるだろう。左の窓を全開にしたら、蚊が入って来られるすき間はできない。しかし、半分程度開けた場合、窓と網戸の間に、小さな虫が通れる程度のすき間ができてしまう。ここから、蚊は出入りするわけだ。

蚊の侵入を許さないように、網戸は必ず右側に配置しておこう。

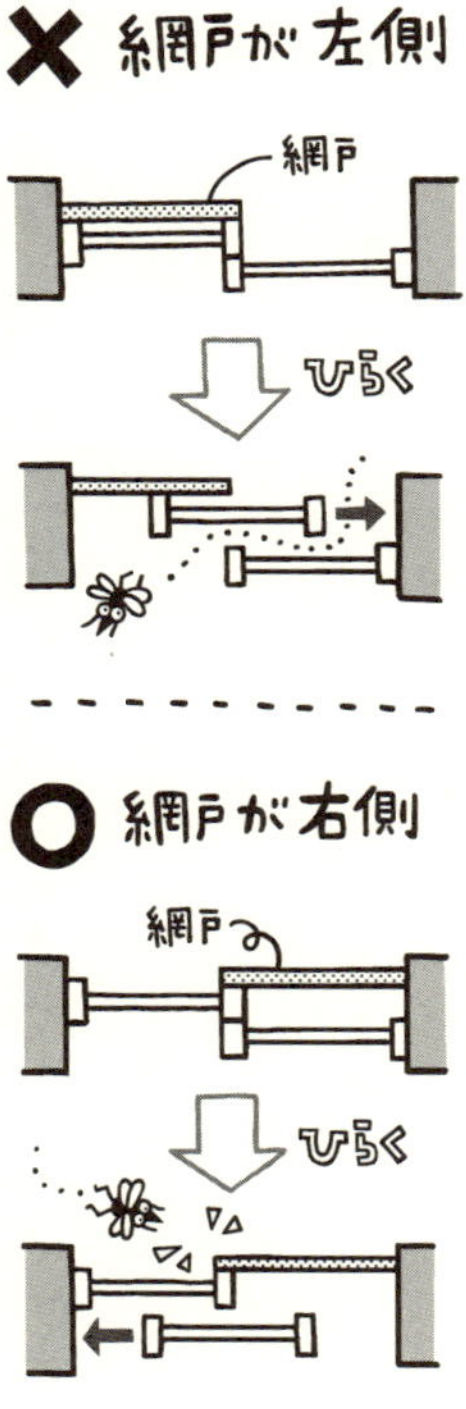

洗車

乾きやすいように、晴れた日に洗車する

水があっという間に蒸発して、水滴の跡がつく！

天気のいい日は、すぐに車が乾くから、洗車するのに最適。こう思っている人は、洗車のたびに残念な結果を招いているはずだ。晴れた日は洗濯日和だが、車を洗うにはまるで適していない。

直射日光のもとで洗車をすると、水分が拭き取る前にどんどん蒸発していく。このため、水に含まれたカルキなどのシミが残りやすい。ワックスやシャンプーを使う場合も、同じようにムラが残りやすくなってしまう。特に気温の高い夏の炎天下では、洗車はしないようにしよう。

洗車に適しているのは、直射日光を浴びない曇りの日。ただし、風の強い日は禁物だ。ホコリや砂が飛んできて、ボディーに貼りつき、洗うことによってキズがついてしまう。晴れた日以上に条件が悪いので、絶対に洗車をしてはいけない。

防虫剤

違う商品でも、気にしないで併用する

一緒に使うと、化学反応で衣類が変色するかも

衣類の虫食いを防ぐため、タンスや衣装ケースに欠かせないのが防虫剤。そろそろ取り替えどきだと、新しく購入したら、前に買った違う商品がまだ少し残っていた。こうした場合、「まあ、いいか」と、一緒に使ってしまったら、大事な服が取り返しのつかないことになるかもしれない。

防虫剤の中には、併用NGのものがあることを覚えておこう。同じ引き出しやケースに入れると化学反応を起こし、薬剤が溶けてしまって、衣類が変色したり、シミができたりすることがある。

防虫剤の成分は4種類。現在主流になっている無臭のピレスロイド系だけは併用してもかまわない。しかし、臭いのするパラジクロロベンゼンやナフタリン、樟脳《しょうのう》は併用できない。一緒に使う場合は、成分を必ず確認してからにしよう。

メガネ

どちらのツルからたたむか、気にしていない

∵右のツルからだと、キレイにたためない

メガネを顔から外してたたむとき、ツルは左右のどちらからたたんでいる？　こう質問されても、ほとんどの人は普段、そんなことは意識しておらず、答えられないのではないか。

じつは、メガネはどちらのツルからたたんでもいい、という設計にはなっていない。右から先にたたむと、次に左のツルをたたんだら完全に閉じず、やや浮き上がった感じになってしまう。一方、左のツルからたたむと、右のツルもキレイにたたむことができ、メガネケースの中での収まりもいい。

これは右利きの人がたたみやすく、開きやすいように調整されているからだ。気にしないでたたむのを習慣にしていると、メガネにいらない負荷がかかって、ツルの歪みなどのトラブルが起こる場合もある。必ず左のツルからたたもう。

メガネ

ツルをたたんで、キレイな形で机に置く

たたまず、逆さまが、最も安定する置き方

日常の暮らしの中で、いったんメガネを外して、机の上などに置くことがある。こうしたとき、どのように置いているだろうか。

まさか、レンズを下にして置く人はいないはず。実際に多そうな置き方のひとつは、左右のツルをキレイにたたんでから、メガネを逆さまにして置く方法。丁寧に扱っているように思えるものの、正しい置き方ではない。

ツルをたたんだり開いたりするたびに、ツルとフレームをつなぐ部分に力がかかり、ネジがほんの少しずつ緩む可能性がある。この緩みを防ぐため、メガネをいったん外すときは、ツルはたたまないで置くのが正解だ。

ツルをそのままにして、メガネを逆さまにして置くと、机と接している面が最も大きくなるので安定性もいい。メガネに優しい、一石二鳥の置き方だ。

メガネ

洗剤ではなく、手に優しい石けんで洗う

アルカリ性なので、レンズのコーティングが傷む！

メガネのレンズはけっこう汚れやすい。レンズ拭きでぬぐう、あるいは水洗いするだけでは、汚れやくもりが取れないこともある。こうした場合、石けんをつけて洗ったら、汚れを簡単に落とせるだろう。しかし、決して試してはいけない。メガネに石けんは禁物なのだ。

石けんは手に優しいのだから、メガネにも負担が少ないのでは。こう思うかもしれないが、まったく違う。

使えない理由は、石けんがアルカリ性だからだ。レンズ表面のデリケートなコーティングがダメージを受けて、はがれたり傷ついたりする原因になる。ハンドソープも石けんと同じアルカリ性なので、レンズを洗うのに使ってはいけない。

石けんはＮＧだけれども、メガネは自分でも洗うことができる。まず、水道の流水

で、レンズとメガネ全体をよく洗って、表面についているホコリや細かい砂、花粉などを洗い流す。

ただし、水洗いだけでは、しつこい汚れや皮脂、油跳ねなどは取ることができない。そこで、台所用の中性洗剤の出番となる。洗面器や大きなボウルに水をため、中性洗剤を少し溶かして泡立てる。その中にメガネを浸け、優しく振り洗いをして、汚れを落とす。

使う洗剤は、必ず中性のものにしなければいけない。アルカリ性の洗剤を使うと、石けんと同じように、コーティングを傷つけてしまう恐れがある。

レンズがかなり汚れている場合は、指に薄めた洗剤液をつけて、レンズ全体をこすってみよう。中心から外側に向けて、円を描くようにこするのがコツだ。また、洗うのを忘れがちなのが鼻パッド。皮脂でかなり汚れているので、やはり指に洗剤液をつけて、こすってキレイにしよう。

それから、しっかり水洗いし、ティッシュで軽く押さえて水分を吸い取り、レンズ拭きで優しく拭く。この流れで、たいていの汚れは落とすことができる。

メガネ

風呂に入ったとき、ついでに湯で汚れを落とす

コーティングは熱に弱い！ 水で洗うべし

メガネをかけて風呂に入る人は、ついでにメガネもキレイにしようと、湯でジャバジャバッと洗うことはないだろうか。確かに風呂の湯で洗うと、レンズのホコリや、ちょっとした汚れは落とすことができる。しかし、こうした習慣のある人は知らないだろう。湯につけるたびに、メガネの寿命が少しずつ短くなっていくことを。

肉眼で見てもよくわからないが、レンズの表面には反射やくもり、キズなどの防止、撥水性能の向上などのため、コーティングが薄く施されている。このコーティングは熱に弱く、毎日のように風呂の湯で洗っていると、次第にはがれたり、細かいキズが入ったりしてしまう。

メガネは熱いものに近づけてはいけない。炎天下の車の中に置きっ放しにする、メガネをかけたままドライヤーをかける、といったことも禁物だ。

レンズが汚れたら、ティッシュで拭き取る

レンズに引っかき傷がつく恐れあり！

メガネが汚れていることに、ふと気づく。じゃあキレイにしようかと、メガネを外して、レンズにハァ〜と息を吹きかけ、ティッシュペーパーでゴシゴシ拭く……。これは、メガネの手入れの仕方としては、やってはいけない典型的な例。こんなことをしていると、レンズはますます汚れやすくなってしまう。

ティッシュは手触りこそ軟らかいが、繊維そのものは意外に固い。このため、レンズを拭くときに使うと、表面を覆っているコーティングを傷つけてしまう恐れがある。レンズに引っかいたような傷ができて、そこに汚れが入り込んでしまうと、拭くだけではなかなか取れない。

ただし、レンズに雨などの水滴がついたときは、ティッシュを使ってもかまわない。そっと押しつけて、拭き取るというよりも、吸い取るようにするのがポイントだ。

毛玉

見つけたら、すぐにむしり取る

毛玉は衣類の一部なので、引っ張ったら傷む！

セーターやカーディガンなどにできやすい毛玉。せっかくのお気に入りに、ぷっくりと目立っていると、すぐにでも取りたくなる。かといって、指でつまんでむしり取るのは最悪の対処法だ。服が傷むので、絶対にやってはいけない。

毛玉ができるのは、着用時や洗濯時に、摩擦が繰り返されるからだ。まず、服から毛羽《けば》が立ち上がり、やがて複数の毛羽が集まる。そして、毛羽の先の部分が複雑に絡まり合って、目につく大きさの毛玉に成長していく。

こうした成り立ちから、当然、毛玉は衣類と糸でつながっている。むしり取ろうとした場合、服にダメージを与えるのはこのためだ。

毛玉を取るときは、いきなり切ろうとはしないで、その前によくブラッシングをして毛並みを整える。毛玉が目立つようになったら、ハサミでカット。眉バサミなどの小さなハサミが使いやすい。毛玉を軽くつまんで、その下の部分をそっと切ろう。専用の毛玉取り機を使う方法もあるが、あくまでも、毛玉は服の繊維の一部。毛玉ができたらすぐにカットするのが習慣になると、服はどんどん傷んでいく。

毛玉はむやみに取らないほうがいいので、日頃から、予防を心がけることが大切だ。ショルダーバックなどの持ち方に注意して、同じところだけに摩擦がかからないようにする、同じ服を何日も続けて着ない、体に合ったサイズのものを着る、といったことが習慣になると、毛玉の発生を自然に抑えることができる。

消しゴム

「往復」の動きでゴシゴシこする

「一方通行」でこすらないと、紙が破れる元

消しゴムを使って、間違えた字を消すとき、紙にシワがよったり破れたりと、残念な結果を招いたことはないだろうか。そうなったのは、もちろん、消しゴムの使い方が正しくないからだ。

紙がくしゃくしゃになった原因で多いのは、消しゴムを往復させて、余計な力が入ったことだろう。

いや、往復させるのは当然だし……こう思った人は驚くかもしれない。往復ではなく、一方通行で動かすのが、消しゴムの正しい使い方なのだ。

消しゴムを紙に押しつけて動かすと、同程度の力で、同じ方向に紙がずれようとする。紙を手で押さえるのは、その力を受けとめるためだ。

このメカニズムから、紙を手で押さえ、消しゴムを押さえていない側だけに動かす

という一方通行なら、紙に無理な力はかからない。

これに対して、消しゴムを往復させると、「往」か「復」の片方のときにかかる力しか、しっかり受け止めることができなくなる。このため、紙に無理な力がかかって、シワができたり破けたりしやすくなってしまう。

キレイに消すためには、この一方通行のほかに、もうひとつ方法がある。消したい部分の近くに、押さえる手の親指と人差し指で三角形を作り、その中で消しゴムを使うやり方だ。

この押さえ方をした場合、「往」と「復」の両方の力を受けとめることができるので、一方通行ではなく、消しゴムを往復させてもかまわない。

消しゴムを使うときの力の入れ方にもふれておこう。はじめは弱く動かし、だんだん力を入れてこするのが正解。最初から力を入れてこすると、鉛筆の粉が紙の繊維の奥に入り込んで、キレイに消せなくなる場合がある。

消しカスは、手で払うよりも、消しゴムでぺたぺたくっつけるのがおすすめだ。そうして、ゴミ箱の上で払い落とすと、簡単に処理することができる。

トイレットペーパー

STOP

用を足したら、「三角折り」にする

洗っていない手で触るので、衛生的ではない

公共施設などのトイレで、トイレットペーパーの「三角折り」を見かけたことがあるだろう。これは「清掃終了」を示すサインなのだが、一種の〝気づかい〟を感じさせなくもない。このイメージに影響されてか、一般のトイレ利用者の中にも、使用後に三角折りをする人がいる。しかし、次からはやらないほうがいいだろう。

ひと言でいえば、三角折りは衛生的ではない。用を済ませて、まだ洗っていない手で、トイレットペーパーを折りたたんでいるからだ。病院の中には、細菌感染する可能性が高くなるからと、三角折りをしないように呼びかけているところもある。

ただし、手を洗う前に触る場所は、水を流すレバーや個室のドアノブ、水道の蛇口など、ほかにも多い。利用したトイレで、三角折りがされていなくても、感染リスクのある場所はたくさんあることを頭に入れておこう。

ぐっすり眠れず、寝起きも悪い！

睡眠
の残念な習慣

なかなか眠気が起こらない、
眠っても疲れが取れない、
なんだか寝起きが悪い…。
こういったことが続く場合、
原因はいつもの「ダメ習慣」だ。

毛布

もちろん、体の上にかける

何と、羽毛布団の場合、体の上にかけたら温かくない

寒い時期、布団と毛布はどのように重ねているだろうか。一番上が掛布団で、その下が毛布、それから体の下には敷布団。この重ね方が最も一般的だろう。しかし、羽毛布団を使っている場合、これはとても残念な重ね方だといえる。

じつは、羽毛布団は体とじかに接するほうが温かくなる。体温が伝わって羽毛が膨らみ、高い保温性を発揮するからだ。羽毛布団の下に毛布があると、体温が羽毛にちゃんと伝わらない。このため、羽毛が膨らみにくく、保温性が低下してしまうのだ。

羽毛布団の上に毛布をかけるのは、上に向かって熱が逃げるのを防ぐため。要するに、毛布でフタをするわけだ。この「毛布↓羽毛布団↓人↓敷布団」という重ね方は、地域や住環境にもよるが、冬のはじめ頃にちょうどいい温かさだろう。

もっと寒くなったら、毛布を体の下に敷くのがおすすめだ。つまり、「羽毛布団↓

人→毛布→敷布団」という重ね方にする。こうすれば、体の下から逃げていこうとする熱を受け止めるので、寝床の中は一層温かくなる。毛布でフタをするよりも、こちらのほうが保温効果はやや高い。

厳冬期には、さらに羽毛布団の上に毛布をかけるといい。これで、上下に熱が逃げるのを抑えることができる。この「毛布→羽毛布団→人→毛布→敷布団」という重ね方が最も温かい組み合わせだ。

ただ、一般的な化学繊維の毛布は、吸湿・放散効果が弱い。このため、体の下に敷くと、寝床の中が蒸れて、睡眠には好ましくない環境になることも考えられる。試して、温かさを肌で感じて判断しよう。ウールなどの天然素材の毛布なら問題はない。

また、化学繊維の毛布は重量があるので、羽毛布団にかけると、羽毛が十分膨らまないこともある。家の毛布が重い場合は、タオルケットをかけるほうがいいだろう。

なお、ここで紹介した重ね方は、あくまでも羽毛布団の場合。綿布団は水分を多く含んでいるので、体とじかに接しても温まりにくく、逆に寝床の中は寒くなる。一般的な習慣のように、毛布を体の上にかけて眠るようにしよう。

アラーム

スヌーズ機能を使って、二度寝を楽しむ

いきなり深い睡眠に入るので、目覚めが悪くなる

一度のアラームでは起きられない人のために、何度も繰り返すスヌーズ機能がある。しかし、覚えておこう。スヌーズ機能は、寝起きが悪い人の味方のような気がするが、じつは寝起きの悪さそのものの原因なのだ。

アラームを止めたあと、二度寝をしてしまうと、スッキリした目覚めは得られない。これには、深い眠りの「レム睡眠」と、浅い眠りの「ノンレム睡眠」が関係している。このふたつは睡眠中、周期的に繰り返して出現。起床時間が近づくとノンレム睡眠になり、ここで目覚めることによって、スッキリ起きられる。

ところが、二度寝をすると、本来、朝には現れないレム睡眠に入ってしまう。だから、5分後、10分後にスヌーズ機能で起こされたとき、頭が妙にボーとしているのだ。気持ちの良い朝を迎えるため、スヌーズ機能は絶対に使わないようにしよう。

布団

起きたらすぐたたんで押し入れに入れる

まず湿気を飛ばさないと、カビやダニの原因に

布団の敷きっ放しには、いかにもだらしないイメージがある。朝起きたら、すぐに布団をたたむのは、日本人の常識だ。ところが、じつはこの当たり前の習慣は、布団に与えるダメージが少なくない。

人は寝ている間、大量の汗をかく。布団には、その汗がじんわり染み込んでいるのだ。起床後、すぐに布団をたたんで押し入れにしまうと、汗で湿ったままの状態が続くことになる。これでは布団の大敵、カビやダニが発生しやすくなってしまう。

朝起きたら、少々だらしないと思っても、掛布団をめくったうえで、とりあえず敷きっ放しにしておこう。朝の身支度をしているうちに、布団にこもった汗は次第に蒸発していく。30～40分ほどたつと、布団はもう乾いた状態になっているので、押し入れにしまっても大丈夫だ。

寝る前の読書

枕元の蛍光灯スタンドをつけて本を読む

青白い光を見続けたら、だんだん目が冴えていく

眠る前の読書は、至福の時間。読むうちに眠気を覚えて、自然な感じで眠りにつけるのも、ベッドの中の読書のいいところだ。

しかし、読み進むうちに、だんだん目が冴えてきて、眠れなくなってしまうこともあるだろう。こうした夜更かしが頻繁にある場合、眠れない理由は、読んでいる本の面白さではなく、枕元の照明なのかもしれない。

家で使われる照明には、大きく分けて、青白い蛍光灯と温かみのある白熱灯の2タイプがある。蛍光灯の明るい光は、太陽光に近い。この光を浴びると、人は活動的になり、頭もよく働くようになることがわかっている。

これに対して、人の気持ちを落ち着かせる作用があるのが、温かみのある暖色系の白熱灯だ。夜になってこの光を浴びると、体内でメラトニンというホルモンが作られ

る。メラトニンは「睡眠ホルモン」とも呼ばれる物質。脳に働きかけて眠りを誘うという、とても重要な役割を持っている。

ところが、この眠りに欠かせないメラトニンは、青白い光のもとではほとんど作られない。蛍光灯だけではなく、白色・青色LEDの光も同様だ。

だから、眠ろうとする直前、青白い光を浴び続けたら、目が冴えてきて、眠気が飛んでいくのも当たり前。寝室で読書をする場合は、必ず暖色系の灯りを使わなくてはいけない。

青白い光という点では、スマホやタブレットの画面も同じなので、眠る前に見ると入眠を妨げてしまう。タブレットで電子書籍を見る場合は、ブルーライトをカットするメガネやフィルターを使うのがいいだろう。機器の設定を変えて、バックライトを暖色系にする手もある。

メラトニンの働きは入眠を促すだけではない。強い抗酸化作用を持ち、アンチエイジングやガン予防の効果がある。その意味でも、眠る前には暖色系の光に包まれて、毎晩、たっぷり分泌させたいものだ。

カーテン

もちろん、ちゃんと閉めて寝る

少し開けておき、太陽光を浴びれば目覚めが良くなる

朝の寝起きが悪い場合、原因はいろいろ考えられる。前の晩の夜更かし、すぐには起きられない低血圧、なかなか疲れが取れない忙しさ。これらに加えて、朝の寝室が暗いことも、じつは寝起きの悪さに直結する要因だ。

朝、スッキリ目覚められないのは、遮光カーテンをしっかり引いているのが原因かもしれない。こうした寝室では、朝になっても、太陽光が部屋の中に差し込んでこない。体の仕組みから考えると、これでは寝起きが悪いのも無理はない。

太陽光と寝起きとのつながりは、人の体内時計と関係している。じつは、人の体内時計は1日24時間ではなく、25時間ほどの周期で動いている。地球の自転とは約1時間のズレがあるわけだ。

それなのに、人が地球と同じリズムで活動できるのは、毎朝、体内時計をきちんと

リセットしているからだ。リセットは明るい太陽光を浴び、その刺激が脳に伝わることによって起こる。

体内時計のリセットにより、眠りを誘うホルモンであるメラトニンの分泌が強く抑制される。このため、眠りからスッキリ目覚めることができるわけだ。

こうした体のメカニズムを考えると、できれば、寝室のカーテンはレースタイプにして、朝の太陽光をたっぷり取り入れたほうがいい。防犯上などでしっかり閉めておきたい場合は、全部閉めないで、少しだけ開けておき、部屋に太陽光が差し込むようにしておこう。

扇風機

体に負担が大きそうなので、寝る前に消す

空気の流れを作ると、寝苦しさがなくなる！

「扇風機をつけっ放しにして寝たら死ぬ」という言い伝えがある。都市伝説のようなイメージがあるが、気になって、寝るときには使いづらいという人もいそうだ。

確かに、睡眠中、風に当たり続けるのは良くない。低体温による寝冷えや自律神経不全、だるさ、筋肉痛や関節痛、のどの渇きによる気道の免疫力低下などを引き起こす恐れがある。しかし、上手に使えば、快眠を得られることも知っておきたい。

寝ている間、体からは常に熱が放出されている。部屋が無風状態の場合、その熱は体の周りを漂って離れないので、室温以上の暑さを感じ、寝苦しくなってしまう。扇風機を回すと、空気の流れができるので、この熱を遠くに追いやることができるのだ。

当てっ放しは禁物なので、首振り機能を使う。扇風機を部屋の隅に置き、風の強さは「弱」。ごく弱い風が流れてくるようにすれば、気持ち良く眠れることだろう。

危険！ 残念！ 楽しさ半減！

趣味や遊び

の残念な習慣

花火の着火の仕方は大丈夫？
脚立は安全に使っている？
アロマキャンドルは長持ちする？
せっかくの楽しい時間も、
そのやり方では残念な結果に…。

手持ち花火

STOP

先端のびらびらした紙に火をつける

じつは、あの紙は導火線ではなかった!

夏の夜の風物詩といえば花火。夜空を彩る豪快な打ち上げ花火もいいが、友人同士や家族で楽しむ手持ち花火はまた格別だ。

ところで、手持ち花火の中には、先にびらびらした紙がついているものがある。いかにも着火させるためのものに見えるので、多くの人は、この紙に火をつけているに違いない。

しかし、紙に火をつけても、炎がゆらゆら立ち昇るだけで、肝心の花火にはなかなか着火せず、それどころか、火が消えてしまうことさえある。効率が悪いなぁと、ちょっとイライラしたことがあるのではないだろうか。

とはいえ、すぐには火がつかないのも当然だ。この紙は「花びら紙」と呼ばれる部分で、花火の導火線ではない。

花びら紙があるのは、火薬を紙や筒で包んだ「ススキ花火」というタイプの花火。使われている火薬が衝撃や湿度に弱いため、花びら紙で〝ふた〟をして保護しているのだ。

じつは、着火の際には、この花びら紙をちぎるのが正解。ちぎって、花火の先端をむき出しにしてから火をつけると、簡単に着火する。

手持ち花火にはおなじみの線香花火のほか、火薬がむき出しになった「スパーク花火」というタイプもある。スパーク花火には花びらがついていないので、先端にそのまま火をつけるようにしよう。

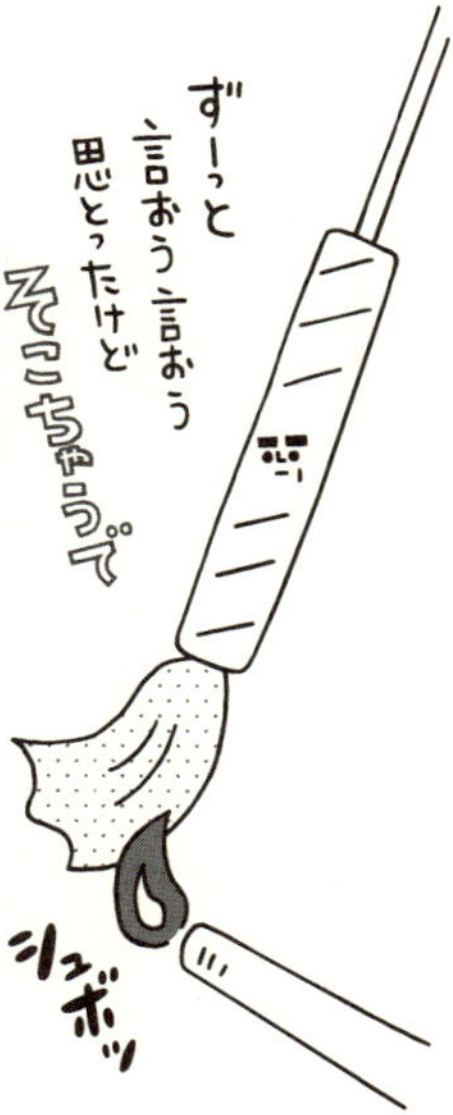
ずーっと
言おう言おう
思とったけど
そこちゃうで
シュボッ

手持ち花火

面倒臭いので、まとめて着火する

何本も一緒に着火すると、いきなり大きな炎が立つ！

手持ち花火は、小さな子どもでも楽しむことができる。けれども、危険を伴う遊びであることは確かなので、十分注意しなければならない。

やってしまいがちで、しかも相当危ないのは、立てているロウソクの火などに、何人もが一斉に花火を差し出すことだ。こうすると、熱が熱を呼んで、突然、大きな炎が上がることがある。1人で2、3本の花火を持ち、同時に火をつけようとした場合も同じだ。大きな事故につながるので、絶対にやってはいけない。

また、必ず花火の先端部分に火をつけることが大事。よそ見をしながら、花火をロウソクの炎に差し出し、間違って花火の途中部分に着火した場合、大きな火の玉のような燃え上がり方をしたり、爆発したりする恐れがある。あくまでも、危険な火薬で遊んでいる、ということを忘れないようにしよう。

切り花

STOP

長持ちするように、花瓶にたっぷり水を入れる

水は浅めにしないと、茎から弱っていく…

お祝いで花をもらって、とてもうれしくなった人がいた。早速、花瓶を用意。花が元気になるように、水をたっぷり入れて、花を活けてみた。ところが、ほんの数日で、花は弱っていき、あっという間に枯れてしまった……。元々、元気のない花だったのか。それとも、どこか行動にいけないところがあったのか。

花の扱いに慣れていないと、切り花を長持ちさせるのは意外に難しい。切り花が弱る原因はいろいろあるが、このケースの場合、第一に考えられるのは水の量。花瓶に水を入れ過ぎたのが、花を弱らせた原因だ。

水が多いと、花は元気になりそうな気がするかもしれないが、まったく逆。多くの切り花は、花瓶に水をたっぷり入れると、茎の部分が傷みやすくなる。花瓶に入れる水の量は、深さ5cm程度で十分。もちろん、水はまめに取り替えることを忘れずに。

脚立

真っ直ぐに立って作業する

前傾して脚立で体を支えないと、バランスを崩す！

庭つきの一軒家に住んでいると、庭木の剪定《せんてい》といった、高いところの作業に脚立《きゃたつ》が欠かせない。しかし、十分注意して作業しなければいけない。脚立からの転落事故は多く、なかには死亡例もある。

フラフラしないように、ちゃんと真っ直ぐ立っているから大丈夫。こう思う人こそ、危険とすぐ隣り合わせで作業をしている。そういった脚立の使い方では、いつ転落してもおかしくはない。

脚立に乗って、普通に立っているときのような姿勢を取ると、非常に危険だ。ふとしたことで、いったんバランスを大きく崩すと、立て直すことが難しい。最悪の場合、転落してしまうことになる。

危険を避けるための一番のポイントは、体を前にやや傾けることだ。天板や踏みざん（踏み板）に体を当てて支えると、安定した状態で作業をすることができる。これが脚立の正しい使い方だ。

この使い方を知らない人は、意外に多い。この姿勢で脚立に立つと、体の安定具合がまったく違う。試してみると、いかに自分が危ない使い方をしていたのかを痛感し、もう二度と真っ直ぐに立とうとは思わないはずだ。

脚立を使うときは、次にあげることもやってはいけない。まず、天板の上に立つことだ。これが最もバランスを崩しやすく、転落につながる。その1段下に立つのも、体を支える部分が少なくなるので安定しない。登っていいのは、天板から2段下まで。脚立の高さが2m10㎝を超える場合は、危険度が増すため、天板から3段下までで作業しなければいけない。

上を向いて作業をするのも、バランス感覚を失いやすいので危ない。前か下を向いて作業できる高さの脚立を使おう。

また、脚立を伸ばして、はしご状態にして使う場合は、必ずもう1人が下に立って、しっかり支えることが大切だ。

アロマキャンドル

STOP

短時間楽しんで、すぐに火を消す

短時間で消すと、中央部分のロウだけが陥没する！

香りと炎によって、心を優しく癒してくれるアロマキャンドル。火を灯して10分、15分……。もう十分リラックスしたからと、火を消してはいないだろうか。これでは、最後までちゃんと使うことはできない。

アロマキャンドルは、燃やしてから短時間で消すと、中央にある芯の周りのロウしか溶けない。こうした使い方を繰り返すと、キャンドルの外側部分はそのまま残り、中央部分だけが陥没し、うまく燃焼できなくなってしまう。

上手に最後まで使うには、表面全体のロウを溶かすのがポイントだ。肝心なのは最初に使うとき。火をつけたら、表面全体が溶けるまで、1時間程度そのままにしておく。初回にこうしておくと、次から使うとき、芯の周りだけではなく、全体のロウが溶けやすくなる。

アロマキャンドル

普通のロウソクのように、息で吹き消す

臭いがして煙も立ち、癒しの空間が台無しに…

アロマキャンドルを楽しんだあと、どうやって消したらいいだろうか。単純に吹き消す人も少なくないだろうが、これはＮＧだ。せっかくのアロマ効果が台無しになってしまう。

吹き消すことは簡単にできるが、普通のロウソクを消したときと同様に、嫌な臭いと煙が出る。これを避けるには、ピンセットで芯の部分をはさみ、溶けたロウに倒すといい。火が消えたら、元のように芯を立てておく。こうすると、芯にロウがつくので、次に使うとき、簡単に火をつけることもできる。

火を消したあと、溶けたロウについては、そのままにしておかないほうがいい。溶けたり、固まったりを繰り返していると、だんだん香りが薄くなっていく。溶けているうちに、ティッシュペーパーなどで吸い取って捨てるようにしよう。

[主な参考文献]

■『食材の下ごしらえと保存』（世界文化社）■『上手な包丁さばき』（谷島せい子／金園社）■『暮らしの知恵袋』（日本の暮らし研究会／PHP研究所）■『ソコが知りたい！家事のコツ』（レタスクラブムック）■『NHKガッテン！健康プレミアム）VOL12』（主婦と生活社）■『その調理、9割の栄養捨ててます』（監修・東京慈恵会医科大学附属病院栄養部／世界文化社）■『サンデー毎日』〈常識の○×判定「食と健康」のウソ？・ホント？〉（毎日新聞出版）■『脚立・はしごからの転落に注意！』（消費者庁）■『電子レンジ庫内の発煙・発火』（国民生活センター）■『防水性繊維製品を脱水していたら洗濯機が飛び跳ねた！倒れた！』（国民生活センター）■『ヘアドライヤー電源コードに関する危険』（東京都生活文化局）■『新生活を始める前に知りたい〝正しい家電の使い方〟』（テックマークジャパン）■『おもちゃ花火』（公益社団法人 日本煙火協会）

[主な参考ホームページ]

■農林水産省／トランス脂肪酸に関する情報■総務省／マイメディア東海コラム・電子レンジ■大阪市／半断線■堺市消防局／電気コードの踏み付け、折り曲げ等による火災に注意■広島県医師会／鼻血が出たとき■沖縄県医師会／耳に虫が入った時■日本創傷外科学会／やけど■日本電機工業会／オーブンレンジ・電子レンジ■日本浴用剤工業会／洗髪・洗顔への影響■日本石鹸洗剤工業会／安全と環境、石けん洗剤知識■日本昆布協会 こんぶネット／昆布の種類■冷食ONLINE／意外と知らない、冷凍食品の電子レンジ料理での正しい置き方■魚色にっぽん／〝出来たて〟より美味い「水産缶詰」■東京都クリーニング生活衛生同業組合／毛玉について■東京電気管理技術者協会／電気安全に関するQ&

A■兵庫県理容生活同業組合／理容Q&A■自治医科大学附属さいたま医療センター／マスクの効果と正しい使用方法■国民生活センター／食品加熱時の突沸に注意、電子レンジ庫内の発煙・発火■西日本新聞／耳掃除について教えて■NIKKEI STYLE／ファッションpick‐up、くらし&ハウス■ヨミドクター／体脂肪率測る仕組みは？■DIME／炊飯器を使い終わった後、電源コードを抜いていませんか？■NEWポストセブン／残り湯はダメ！■月刊SPA！／「グラノーラ」は糖質だらけでダイエットには逆効果■東洋経済／その飲み方がビールのおいしさを損なう理由　ほか■NHKあさイチ■NHK／なかなか抜けない！耳に入った水を抜く方法■フジテレビ　その原因Xにあり／暑い夏、ついやりがちな残念睡眠■所さんの目がテン！ライブラリー／麺類の科学　ほか■ソレダメ！～あなたの常識は非常識～■文化放送くにまるジャパン極／実はNG！食パンの冷蔵保存■中部電力／トラッキング現象■東京ガスウチコト／食・料理の豆知識　省エネ・節約　など■キューピー／保存の基礎知識■味の素／レシピ大百科■Calbeeフルグラ／Q&A■サントリー／ビールの保存方法を教えてください■TIGER／よくあるご質問■シャープ／自動製氷機のいろいろな疑問■パナソニック／血圧計、アルカリ・マンガン乾電池、アイロン■ダイキン／エアコン節電情報■コメリ／オーブントースター取扱説明書■花王／製品Q&A、バブシリーズ■ライオン／正しいうがい、正しい手洗い■クリニカ／フッ素を長く残す習慣を！■武田薬品／製造工場潜入レポート■参天製薬／正しい目薬のさし方■オムロン／ねむりラボ■西川リビング／キレイの秘密■タニタ／正しい体組織計の使い方■エステー／季節のくらし■トンボ鉛筆／消しゴム雑学■オカムラ／歯間ブラシの効果的な使い方とは■桐灰化学／カイロの正しい使い方■貝印／ツメキリの正しい使い方■太田煙日製造所／ススキ花火■中央タオル／髪の毛を傷めないタオルでの拭き方■大正堂のリフォーム■親和クリニック／足の爪の切り方■さくら眼科／メガネのたたみ方■川村耳鼻咽喉科クリニック／うがいは本当に効果がある？■東京メガネ／メガネを使わないときは■眠りのプロショップSAWADA／ふとんの干し方■雪国まいたけ／まいたけについて■Hasegwa／脚立の安全な使い方■豊中松前昆布本舗／だしコンテンツ■かんぶつ屋のひとり言／昆布の白い粉と賞味期限■紅茶専門店ティークラブ／紅茶のかき混ぜ方、知っていますか？■北欧、暮らしの道具店／暮らしの手入れ・お鍋とフライパン編■ランプベルジェ／アロマキャンドルの使い方■東京荻窪天然温泉スパ　なごみの湯／サウナの正しい入り方を知ろう！■管理栄養士の栄養ぶろぐ／きのこは洗う?洗わない?■All About／ヘアケア、時短生活、道具選び・手入れ、健康・医療、暮らしの歳時記■ライブドアニュース／ヘアドライヤーの電源コード、正しい収納方法とは?■exciteニュース／冷凍室には物を詰め込め！　トイレットペーパーの三角折は不衛生?■Doctors Me／病気■Lidea／調理器具の洗い方■kufura／作り置き・保存■nanapi／缶ジュースをストローで飲む裏ワザ■lifehacker／基本的な物理学を使って卵をきれいに割る方法を考えてみる■withnews／お金と仕事■ダイドコ／かっぱ橋のプロが教える！土鍋の使い始めと長く使うためのコツ5選■ウチコト／お米の研ぎ方の基本を見直して！美味しく炊こう！　他■きのこのじかん／キノコは洗う&洗わない?■話題を探る！／ライフハック■白ごはん.com／おいしい米の研ぎ方■ニクイねぇ！PRESS／おにぎりのおいしい握り方■ヘルスケア大学／グラノーラでの置き換えダイエット■歯のアンテナ／歯間ブラシの正しい使い方と選び方■爪育カルテ／爪のささくれ■メシ通／「日本卵業協会」が教える、正しい卵の割方&目玉焼きのつくり方■えん食べ／知ってた?シュークリームの〝こぼれない食べ方〟■デイリーポータルZ／シュークリームは逆さにして食べるとクリームがこぼれない■プラスウェルネス／あなたの歯磨き、間違っていない?■歯のアンテナ／歯間ブラシの正しい使い方と選び方■健康ぴた／やけど■ケンカツ／髪の悩みを改善する健康法■スキンケア大学／頭皮のケア方法&対策■おとなの補修時間／あなたをさらに健康にする入浴法■ニクイねぇ！PRESS／教えて！マイスター■お洗濯.net／プロが解決■女性の美学／アロマオイル■のりものニュース／自動車

本文デザイン／青木佐和子
本文イラスト／まつむらあきひろ
編集協力／編集工房リテラ（田中浩之）

青春新書
PLAYBOOKS
人生を自由自在に活動《プレイ》する

人生の活動源として

いま要求される新しい気運は、最も現実的な生々しい時代に吐息する大衆の活力と活動源である。

文明はすべてを合理化し、自主的精神はますます衰退に瀕し、自由は奪われようとしている今日、プレイブックスに課せられた役割と必要は広く新鮮な願いとなろう。

いわゆる知識人にもとめる書物は数多く窺うまでもない。

本刊行は、在来の観念類型を打破し、謂わば現代生活の機能に即する潤滑油として、逞しい生命を吹込もうとするものである。

われわれの現状は、埃りと騒音に紛れ、雑踏に苛まれ、あくせく追われる仕事に、日々の不安は健全な精神生活を妨げる圧迫感となり、まさに現実はストレス症状を呈している。

プレイブックスは、それらすべてのうっ積を吹きとばし、自由闊達な活動力を培養し、勇気と自信を生みだす最も楽しいシリーズたらんことを、われわれは鋭意貫かんとするものである。

—創始者のことば— 小澤和一

編者紹介

ホームライフ取材班

「暮らしをもっと楽しく！ もっと便利に！」をモットーに、日々取材を重ねているエキスパート集団。取材の対象は、料理、そうじ、片づけ、防犯など多岐にわたる。その取材力、情報網の広さには定評があり、インターネットではわからない、独自に集めたテクニックや話題を発信し続けている。

日本人《にほんじん》の9割《わり》がやっている
残念《ざんねん》な習慣《しゅうかん》

青春新書 PLAYBOOKS

2018年7月1日　第1刷

編　者　ホームライフ取材班《しゅざいはん》

発行者　小澤源太郎

責任編集　株式会社プライム涌光

電話　編集部　03(3203)2850

発行所　東京都新宿区若松町12番1号 〒162-0056　株式会社青春出版社

電話　営業部　03(3207)1916　振替番号　00190-7-98602

印刷・図書印刷　製本・フォーネット社

ISBN978-4-413-21115-4

青春新書 PLAYBOOKS

人生を自由自在に活動する——プレイブックス

〝座りっぱなし〟でも病気にならない1日3分の習慣

池谷敏郎

上半身を動かすだけでも血行障害を改善できる。テレビで大人気の〝血管先生〟が高血圧、糖尿病、脂質異常、心臓病、脳卒中、認知症、便秘、うつ…の予防法を解説！

P-1112

まいにち絶品！「サバ缶」おつまみ

きじまりゅうた

タパス、カフェ風、居酒屋メニュー…パカッと、おいしく大変身！

P-1113

大切な人ががんになったとき…生きる力を引き出す寄り添い方

樋野興夫

「傷つける会話」と「癒す対話」を分けるものは何か。3千人以上のがん患者・家族と個人面談をつづけてきた著者が贈る「がん哲学外来」10年の知恵。

P-1114

日本人の9割がやっている残念な習慣

ホームライフ取材班[編]

やってはいけない！損する！危ない！効果なし！の130項目。

P-1115

お願い　ページわりの関係からここでは一部の既刊本しか掲載してありません。折り込みの出版案内もご参考にご覧ください。